オリゲネス
サムエル記上説教
Origenis Homilia

Origenes

翻訳
小高　毅・堀江知己

日本キリスト教団出版局

目次

装丁　岩崎邦好

凡　例

一　本書は、オリゲネス『サムエル記上説教』の翻訳である。説教一に関しては、「歴史神学研究」第二―四号（歴史神学研究会、二〇一八―二〇二〇年）における掲載分を幾らか修正したものであり、説教二に関しては、小高毅編『シリーズ・世界の説教　古代教会の説教』（教文館、二〇一二年）に収められたものからの抜粋である。巻末の解説部分は堀江が担当した。翻訳に際して用いたそれぞれの底本に関しては、解説を参照のこと。

二　オリゲネスのサムエル記上に関する断片も併せて訳した。

三　オリゲネスが用いていた聖書テキストは、主に七十人訳聖書である。各説教の始めに七十人訳聖書（A. Rahlfs, *Septuaginta*）の日本語訳を掲載した。ただし、オリゲネスの説教の中で引用されている聖書テキストは、必ずしも現行の七十人訳聖書と同一とは限らないため、参考までに過ぎない。

四　訳者の理解により、ところどころ〔　　〕で補い、「――」を用いた。

五　聖書の各書の表記は『聖書　聖書協会共同訳』（日本聖書協会）に準拠した。本書において、聖句表示の際に使用した各書の省略は以下のとおり。

〈旧約聖書〉

創世記（創）　出エジプト記（出）　レビ記（レビ）　民数記（民）　申命記（申）　ヨシュア記（ヨシュ）　サムエル記上（サム上）　列王記上（王上）　ヨブ記（ヨブ）　詩編（詩）　箴言（箴）　イザヤ書（イザ）　エレミヤ書（エレ）　エゼキエル書（エゼ）　アモス書（アモ）　ゼカリヤ書（ゼカ）　マラキ書（マラ）

〈旧約聖書続編〉

シラ書（シラ）

〈新約聖書〉

マタイによる福音書（マタ）　マルコによる福音書（マル）　ルカによる福音書（ルカ）　ヨハネによる福音書（ヨハ）　使徒言行録（使）　ローマの信徒への手紙（ロマ）　コリントの信徒への手紙一（一コリ）　コリントの信徒への手紙二（二コリ）　ガラテヤの信徒への手紙（ガラ）　エフェソの信徒への手紙（エフェ）　フィリピの信徒への手紙（フィリ）　コロサイの信徒への手紙（コロ）　テサロニケの信徒への手紙一（一テサ）　ヘブライ人への手紙（ヘブ）　ヤコブの手紙（ヤコ）

サムエル記上説教

オリゲネス(1)

説教一――サムエル記上1章1節―2章6節a

堀江知己訳

エルカナ、ペニナ、ハンナ、サムエル、エリ、ホフニ、ピネハスについて

第1章

1 エフライムの山地アルマタイム・ツィファに一人の人がいて、その名をエルカナと言った。彼はエレメエルの子で、エレメエルはエリアの子、エリアはエフライムのナシフにいたトフの子であった。2 エルカナには二人の妻がいた。一人の名はハンナ、もう一人はペニナと言った。ペニナには子どもがあったが、ハンナには子どもがなかった。3 その人は、事あるごとに自分の町アルマタイムからシロに上り、万軍の主なる神を礼拝し、いけにえを献げていた。シロにはエリとエリの二人の息子ホフニとピネハスがいて、彼らは主に仕える祭司であった。4 エルカナは、いけにえを献げた日に、妻のペニナ、および息子、娘に、そ

の取り分を与えた。5 そしてハンナには一人分を与えた。それは、彼女には子どもがなかったからであ
り、しかしまた、エルカナはハンナをペニナよりも愛していたからである。だが、主は彼女の胎を閉ざされ
た。6 ハンナは苦しみ、苦しみの余り気を落としていたが、しかし主は、ハンナに子を授けられなかった。
エルカナも、主がハンナの胎を閉ざされ、子を授けてくださらないことに思い悩んでいた。7 毎年、エル
カナは同じように行動したが、ハンナが主の家に上ると、ハンナは思い悩み、泣いて、何も食べなかった。
8 夫エルカナはハンナに言った。「ハンナよ」。ハンナも彼に言った。「はい、主人よ、私はここに」。そし
て彼は言った。「お前はどうして泣いているのか？ なぜ何も食べないのか？ なぜ沈んでいるのか？ こ
の私は、あなたにとって十人の息子にもまさるではないか？」 9 シロでの食事が終わった後、ハンナは立
ち上がり、主の御前に座った。祭司エリは主の宮の門柱のところにある席に座していた。10 ハンナは悲し
みに沈んで主に祈り、激しく泣いた。11 そして、主に誓いを立てて言った。「万軍の神なる主よ、どうかあ
なたの仕え女の謙遜を心に留め、私をお忘れにならず、あなたの仕え女に、男の子を賜りますならば、私
はその子を一生あなたにお献げし、ぶどう酒や酒の飲み物を飲ませず、その子の頭にはかみそりを当てませ
ん」。12 ハンナが主の前で長く祈っていた時、祭司エリは彼女の口元を観察した。13 ハンナは心の中で語っ
ていたので、唇は動いていたが、声は聞こえなかった。エリは彼女が酔っているのだと思った。14 仕え人
エリは彼女に言った。「いつまで酔っているのか？ ぶどう酒から離れ、主の御前に出なさい」。15 ハンナ
は答えて言った。「いいえ、主よ、私は困難な日を歩んでいる女です。私はぶどう酒も、酒の飲み物も飲ん
ではおりません。主の御前に自分の胸の内を注ぎ出していたのです。16 あなたの仕え女を慎みのない女だ

とみなさないでください。私は積りに積る思いを、今まで語っていたのです」。17 エリは答えて言った。「安
心して行きなさい。あなたが求めた願いを、イスラエルの神がすべてかなえてくださるように」。18 ハンナ
は言った。「あなたの仕え女はあなたの恵みにあずかりました」。女は元の場所に戻り、自分の住まいに入り、
夫と共に食事をし、そして飲んだ。彼女の表情はもはや沈んでいなかった。19 彼らは朝早く起き、主に礼
拝し、帰って行った。エルカナはアルマタイムにある自分の家に入り、妻ハンナを知った。主は彼女を顧み
られ、20 ハンナは身ごもった。時が満ち、彼女は男の子を産んだ。彼女は、「万軍の主なる神に願って得た
子だから」と言って、その名をサムエルと名付けた。
21 さて、このエルカナという人は、家族の皆と共に、シロで年ごとのいけにえと自分の誓願と、そして、
地のすべての実りの十分の一とを献げるために上った。22 ハンナは彼と一緒に行こうとせず、夫に言った。
「この子が乳離れしたら、この子を連れて行きます。そして、この子は主の御前に出て、そこにいつまでも
留まることになるでしょう」。23 夫エルカナはハンナに言った。「あなたが良いと思うようにしなさい。こ
の子が乳離れするまで留まっていなさい。では、あなたの口から出た言葉を、主がかなえてくださるよう
に」。妻は留まり、乳離れするまで子に乳を与えた。24 ハンナは、三歳の若い牛一頭、パンと麦粉一オフィ、
ぶどう酒の入った皮袋一つを携え、その子と共にシロに上り、その子も一行と共に、シロにある主の家に入
った。25 彼らは〔その子を〕主の御前に連れて行き、その子の父はいけにえを――毎年主に献げていたよう
に――屠った。そして、彼はその子を連れて行き、若い牛を屠った。そして、その子の母ハンナは、〔その
子を〕エリの下に連れて行った。26 ハンナは言った。「どうか、主よ。あなたは生きておられます。私はあ

なたの前に座って、主に祈った女です。27 私はこの子を授かるようにと祈り、主は私が願ったことをかな
えてくださいました。28 私はこの子を、主のために用いられる者として、その生涯にわたって主にお委ね
します」。

第2章

1 ハンナは言った。
「私の心は主にあって堅くされ、
私の角は、私の神において高く上げられました。
私の口は敵に向かって大きく開かれ、
私はあなたの救いの内に喜びました。
2 主のように聖なるお方はなく、
我らの神のように正しきお方はあらず、
聖なるお方はあなたの他にないからです。
3 あなたがたは驕り昂ぶってはならず、
栄光について語ってはなりません。
あなたがたの口から尊大な言葉が出て来てはなりません。
主はあらゆる知識の神であられ、

その御業を取り計らわれる神だからです。
4 勇士たちの弓は弱められ、
弱い者たちが力を帯びました。
5 パンに満ち足りている者たちは弱められ、
飢えている者たちは地を休ませました。
不妊の女が七人の子を産み、
子だくさんの女は衰えました。
6 主は死なせ、生かされます」。

（七十人訳サム上1・1―2・6、堀江知己訳）

1　神が楽園を植えられた〔創2・8〕のは、昔だけのことではありません。儚き人間の命が〔この世において〕持続する間、そして、人の救いのための神の御計画がなされている間はずっと、詩編における義なる者の祈りの声、すなわち、「あなたは彼らを導き、あなたの嗣業の山に、彼らを植え給え」〔出15・17〕[2]といった祈りの声が実現され続けているのです。ですから、私たちも皆、祈りましょう！　私たちが神によって植えられた木[3]〔参．一コリ3・9〕となるようにと！　なぜなら、神によって植えられた木とならない人には、すべての者の裁き主、そして私たちにとっては救い主であられるところのお方によって、次のような最終判決が言い渡されてしまうのですから。「私の天の父がお植えにならなかった木は、すべて抜き取られてしまうだろう」〔マタ15・13〕。神は植えてくださいます。よって、神の農園として相応しい農園が存在するのです。さらに、神が耕され、植えてくださるその畑は、たった一つの種類の樹木から成るところではないはずです。むしろそこは、あたかも豊かで力ある農夫の土地のように、あらゆる苗木が生えいでて〔創2・9〕いるところなのです。では、神の畑におけるそれらのものが、皆どのような状態であるのか、私たちは人間が耕すところの地上の畑をもとにして考えてみましょう。大きな畑を所有する農夫がいるとしたら、その人はその畑をぶどう畑だけにしておくものでしょうか？　あるいは、いちじく畑だけに、あるいは、りんご畑だけに、あるいは、やし畑だけにしておくものでしょうか？　いいえ、誠実にして旺盛な農夫ならば、それらすべてのものを広く栽培するはずです。それゆえ、神が設けられた神の畑もまた、それと同様であると考えられます。なぜなら、そこは、甘い果実だけを実らせる一種類の樹木だけではなく、むしろ、場合によっては甘く、場合によっては苦く、しかしながらそれぞれ〔の果実が収穫者に対し〕益と喜びをもたらす〔たくさんの〕樹木から成っているところなのですから。

そういうことですので、皆様が司教アレクサンドロス[4]〔様〕の下で持っておられるものを、私たちに要求しないでほしいのです。つまり、私たちは認めますが、このお方は柔和といった良き点において、私たちすべてよりも優れております。このお方の良き点を告げ知らせるのは、何も私だけではありません。むしろ、あなたがた皆様もよく知っており、認めているところです。だからこそ、私たちは同じ畑における植物となり得るのであって、またそう望むべきなのですが、しかし私たちは、同じ味の果実をもたらす者[5]ではありません。この私は、私たちがもたらす実は苦い味をしているのではないかと認めております。あるいは恐らく、私たちがもたらす実は、実際よりも苦く思われてしまっています。確かに、非難する言葉は、それが〔自分を〕戒めている間は〔誰でも〕苦く感ずるものです。しかし、それが〔自分を良き方向へと〕正していく際には、甘い働きを担うものなのです。私たちの主にして救い主の御言葉に、どうぞ聞いてください。すべての御言葉が祝福を含んでいるわけではないのですし、すべての御言葉が赦しと愛について証ししているのでもありません。主の御言葉の中には、苦い御言葉も、悲しみをもたらす御言葉もあるのです。つまり、「幸いなるかな、これこれする者は」（ルカ6・20―22、マタ5・3―11）と主が言われていることもあれば、一方で、「災いなるかな、これこれのことを行ってしまう者は」（ルカ6・24―26、マタ23・13―16）[6]とも言われています。私は預言書においても、こういった点を詳しく調べてみました。すると私は発見しました。民に対し、厳しく悲しみをもたらすことを決して語らず、逆に、常に甘く穏やかなことを語ったのは、ごく僅かな預言者たちだけだった、ということを。しかし、私たちの先達者たち[7]によっても指摘されたことですが、「コラの子らによって」（詩42・1、他）といった表題が付された詩編集だけは、いかなる苦さや厳しさをも含んでいないということが分かります。また、いわば神からの贈り物であるかのような、彼らの名の下の詩編は、すべて喜ばしい言葉から成り立っているのが認められます[8]。よって、預言者たちの間でも、大きな違いがあるということなのです。〔つまり、〕ある預言者は悲しみをもたらすようなことを告げ知らせ、別の預言者は喜ばしいことを告げ知らせています。しかし、キリストに倣う者（一コリ11・1）であった使徒パウロも、自分自身について言っています。とりわけ教育が必要とされている人たちに対して、自分は鞭（一コリ4・21）を持っているのだと。そして、その生活が罪から解放された人たちのところには、必ず「柔和な霊」をもって訪れる（一コリ4・21）、と彼は言っています[9]。パウロによる同じ一つの手紙の中に、こういった苦い言葉も甘い言葉も見出せるのですが、同様に、コリントの第一の手紙の最初の部分においても、このように言われております。「あなたがたはキリストにおいて、あらゆる言葉、あらゆる知識において、すべてのことについて豊かにされています。こうして、キリストについての証しがあなたがたの間で確かなものとなったので、その結果、あなたがたは賜物に何一つ欠けることがなく、私たちの主イエス・キリストが現れるのを待ち望んでいます」（一コリ1・5―7）。さらに、その少し後で続けてパウロは言っているのですが、彼のその言葉は、何と怒りに満ちていることでしょう。「さて、あなたがたの間にみだらな行いがあると聞いています。しかもその行いは、異邦人の間にも見られないほどのもので、ある人が父の妻をわがものとしているとのことです。それにもかかわらず、あなたがたは高ぶっているのか。むしろ悲しむべきであったのに、そのような行いをした人をあなたがたの間から追い出すべきではなかったのか？」（一コリ5・1以下）しかし、パウロがこのような〔両極端の〕態度を示したのは、彼の言葉が向けられた人たち全員が、称賛に値する人だったからではないのです。また、〔信徒たち〕全員が叱責や非難に値する人だったからでもありません。パウロは甘いものと苦いものを混ぜ合わせて語っているのですが、それは、〔信徒の中における〕すべての良い人たちには称賛を与えつつ、一方で〔信徒の中におけるすべての〕悪い人たちには非難を与えようとしているからなのです。

前置きとして、以上のように述べさせていただきました。なぜなら、私は知っているのです。あなたがたがいつも、とっても柔和な司教様[10]の甘い説教を聞くのに慣れてしまっているということを。確かに、私たちが栽培して〔地に〕根付かせた小さな木々は、ある苦味を含んでおります。しかし、あなたがたが祈ってくだされば、それは健康に良い薬となるのです。甘い〔味がする〕薬もたくさんありますが、逆に苦い薬もあるわけですし、場合によっては、ひどく苦い薬もありますが、もし適切な量と相応しい時間に摂取されるならば、すべての薬が〔治療のための〕それぞれの持ち場で用いられるものなのです。

2　一つの物語がサムエル記上[11]から朗読されました。この物語はとても難しいと思われますので、神の力によらねば解き明かされることはありません。次のように記されています。「エフライムの山地アルマタイム・ツィファに一人の人がいて、その名をエルカナと言った。そして、彼の家系がすべて数え上げられた後、次のように書かれています。「そして、彼には二人の妻がいた。一人はハンナ、もう一人はペニナと言った。ペニナには子どもがあったが、ハンナには子どもがなかった」（サム上１・１）。そして、かの人は定められた時[12]に自分の町からシロに上ったが、それは、万軍の主を礼拝し、いけにえを献げるためであった。シロには主の祭司として、エリと彼の二人の息子ホフニとピネハスがいた。そして、エルカナがいけにえを献げる日のことである。エルカナは妻のペニナ、およびその息子、娘に、それぞれの取り分を与えた。しかし、彼はハンナに対して、一人分〔しか〕与え〔なかっ〕た[13]。主がハンナの胎を閉ざしたままであったので、彼女には子どもがいなかったからである」（サム上1・7以下）、なぜなら、ペニナが彼女の息子たちと共に、多くの取り分をもらったのに対し、ハンナは一人分の分け前をもらっただけであったからなのですが、また〔続いて聖書で語られていることとして〕、ハンナがこの〔心の〕痛みのゆえに傷ついていたこと、そして、彼女が主の神殿に入って泣いたこと、沈黙の内に祈ったこと（サム上1・10）――〔沈黙の内に祈っていたので、〕ハンナの〔泣き〕声は聞き取れませんでした（サム上1・13）――、さらに〔聖書で語られていることとして〕、祭司エリは彼女が酒に酔っているものと思い込み（サム上1・14）、彼女を叱りつけてしまったこと、しかし、ハンナは謙遜に祭司に対して申し開きをしたこと（サム上1・15）、そして、子が授かるようにと彼女が主に向かって祈り、自分が産むことになるその子を、〔神に〕お献げすると神に約束した（サム上1・10以下）、といったようなこと〔が語られているの〕です。さらに、誓願のゆえに子どもを授かり、その子を乳離れさせた後、ハンナはその子を神に献げた（サム上1・19―28）、といったことが〔聖書に〕記されています。彼女は、乳離れさせるまでその子を主に献げることができなかったということなのですが、それだけに一層、預言的な秘義によって装われた祈り（サム上2・1―10）をもって、彼女はその子を献げることになります。可能な限り、朗読〔された箇所〕の内容を要約してみました。

3　では、お知らせしました〔以上の聖書テキストの〕言葉を通して、解き明かされる事柄について考えていきたいと思います。恐らく、私たちの掟に聴く聴衆に加えられたばかりの人たち[14]の中には、私たちに問う人がいるかもしれません。キリスト教の教えによれば、出来るだけ女性との交わりを控えるようにといった貞淑さが宣言されているのではないか、と。なぜなら――「使徒が『男は女に触れない方がよい』（一コリ７・１）と言っていますよね。(15) しかし、あなたが〔聖書から〕語る義人エルカナは、聖書を通して私たちのための模範として示されているのでしょうが、彼は同時に二人の妻を持っていたと記されています。〔聖書に記されたところによりますと〕二人の妻のうち、最初に登場するところの妻、つまりハンナは、子を持ってはおらず、一方、ペニナは多くの子を持っていて、多くの取り分をもらっています。しかし、前者のハンナは、子どもを持っていないがゆえに、一人分の取り分を受け取っただけで、子が与えられないことを嘆いております。〔だとしますと〕もし子どもを持っていないとすれば、私たちも悲しむべきだということなのでしょうか？　子どもを持たず生活している未婚の女性たちも、悲しむべきだということなのでしょうか？」――

以上の〔疑問の〕言葉を私が〔予め〕語ったのは、旧約聖書で語られていることについて、まだ十分な教えを受けていない人たち――この人たちは、〔聖書の記述によって〕ひどく動揺してしまうものなのですが――の立場に立ってのことです。しかし、私はあなたがた皆様にお願いしたい。私たちは、〔これらの聖書の〕難しい事柄が意味することを解き明かそうとしているのですし、また、教会の〔皆様の〕耳を、覆いによって隠されたものに対して開かせようとしているのですから――すなわち、使徒が言っているように、「旧約聖書(16)が朗読される際に、覆いは掛かったままなのです」（二コリ３・14以下）――、皆様も主に祈ってください。私たちが主の方に向き直り、私たちが手にしている〔旧約聖書のサムエル記における〕この朗読〔箇所〕からも、その覆いが取り去られますようにと（二コリ３・16）。そして、私たちに対して、覆い隠されたことが十分に明らかにされ、この私たちも

「顔の覆いを除かれて」、朗読されたものの中に「主の栄光を見出す」(二コリ3・18)ことができるようにと、皆様も主に祈ってください。

4　このように書かれています。「エフライムの山地アルマタイムに一人の人がいた」(サム上1・1)。まず始めに、私は、多くの写本において記されていることに、気付いていないわけではありません。〔それらの写本には次のように書かれています。〕「或る人がいた」。しかし、より正確と判断されるところの写本においては、次のように書かれています。「一人の人がいた」。多くのことで私たちと意見を異にするヘブライ人も、この〔後者の読みの方が正しいと判断する〕点においては、私たちに同意しています。[17]

「一人の人がいた」。この言い方は――、どうでしょうか? 褒むべき義なる者についての言い方ではないのでしょうか? 一方、今なお罪人のままである私たちは、この褒むべき称号に値する者ではありません。私たちは皆、「一人」[18]なる者ではありません。「大勢」なる者です。[19]この私もそうです。私の顔に注目してみてください! 怒った顔、今度は悲しげな顔、[20]しばらく経てば今度は逆に喜んでいる顔、再び不安げな顔、今度は落ち着いた顔。ある時には、神に関わる事柄と、永遠の命に関する御業について瞑想している顔、しばらくすれば反対に、貪欲にこの世の栄誉に関わる物事にあくせくしている顔。あなたもお分かりになるでしょう。一人〔の人格を持つ者〕に思える人が、〔実際には〕一人ではないということを。むしろ、同じ〔一人の〕人物の中に、何と多くの人格が見られることでしょうか。〔そういったことは〕聖書〔の記述〕に従うことでもあります。「愚か者は月の移り変わりのように移り変わる」(シラ27・11)。まさに、月は不変といった本質においては一つのものに思われるのですが[21]、しかし、月は常に己自身を変えていき、常に多様な有り様を呈するものです。このようにして、月はその存在において確認できるように、一つであり、また多様〔大勢〕であるのです。私たちも同様です。今なお愚かで不完全な私たちは、〔自分の〕考えを絶えず変えてしまう。常に様々なことを追い求め、様々なことを考える。だからこそ、私たちは「一人」とは言えません。一方で、義なる者は各々「一人」であると言えます。それだけではありません。すべての義なる者は、合わさって「一人」であると〔さえ〕言えるのです。「心も思いも一つ」（使4・32）と記されている人たちについて、彼らは皆、〔合わせて〕「一人」〔であった〕と言われ得るのではないでしょうか？　すべての人がいつも一つの知恵（詩37・30）を思い、一つのことを感じ、思いを一つにして（一コリ1・10）、一つの神を畏れ敬い、一人の主イエス・キリスト（一コリ8・6）を告白し、神の一つの霊に満たされるのです（一コリ12・9、同12・13）。こうして、実に、彼らは皆、〔心が〕「一つ」〔であった〕と呼ばれるだけでなく、〔皆を合わせて〕「一人」〔であった〕とも呼ばれているのです。使徒も次の指示を告げました。「皆走るけれども、賞を受けるのは一人だけです」（一コリ9・24）。あなたは〔もう〕はっきりと理解していることでしょう。「賞を受ける」ことになるすべての義なる者たちが、皆「一人」であるということを。実に、義なる者は、一つなる神に似る者であるということなのです。このように私が考えることを、預言者[22]もまた言っております。「聞け、イスラエルよ！　あなたの神、主はただお一人である」（申6・4）。神は、数の点においてだけ「一人」であると記されているのではありません。神は、いかなる数に対しても超越されたお方として信じるべきお方です[23]。ですから、神は「一人」であられると、そう言われ、そう理解されるべき理由は、すなわち、神は決してご自身以外の別のものにおなりになることがないからなのです。神は決して変わられることなく、別のものにおなりになることがないからなのです。そのことは、ダビデが次のように神について証言しているとおりです。「しかし、あなたが変わられることはありません。あなたの歳月は終わることがありません」（詩102・28）。これと同じ意味のことを、次の聖書の記述は指し示しています。「あなたたちの神、主である私は変わることがない」（マラ3・6）。神は変わることがないお方です。変わることがないということにおいて、神は「一人」と言われます。したがって、神にかたどられて（創1・27）造られた、神に倣う者（エフェ5・1）である義なる者たちも同様、完全な者に成長した暁には、その人自身もまた、「一人」と呼ばれる者となります。なぜなら、その人もまた、諸々の美徳の頂に〔堅く〕立ち、決して動かされず、永遠に「一人」であり続けるのですから。〔一方で〕悪徳に染まって生きる限り、誰でも皆、多くのことに〔心が〕引き裂かれ、様々なことに〔心が〕分散させられてしまうものです。よって、多様な諸々の悪徳に留まり続ける限り、誰でも皆、「一人」と呼ばれることはありません。

実に、この驚くべき統一性[24]のゆえに、義なる者は「一人」であるのですが、さらには、たくさんの義なる者たちが〔合わせて〕「一人」であるのです。だからこそ、聖なる使徒も、全教会員を励まし言っています。「あなたがたは皆、同じことを言いなさい。仲違いせず、心を一つにし、知識を一つにして、完全な者であってください！」（一コリ1・10）使徒言行録においてもこう言われています。「信じる者たちは心と思いも一つ」（使4・32）。しかし、より詳しく考察してみるならば、〔以上のような、大勢の人を合わせて「一人」と呼ぶところの統一性とは〕別の統一性〔すなわち、個々人がそれぞれ「一人」と呼ばれるところの統一性〕をも見出すことができます。たとえば、もし私が私の肢体を捨て去る（コロ3・5）ならば、もはや「霊に反することを肉が望む」ことはなくなり、「肉に反することを霊が望む」（ガラ5・17）こともなくなるでしょう。あるいは、もし私の体の中に、私の心の法則に逆らうところの別の法則がなくなれば、あるいは、もし私を捕らえて罪の法則へと誘うその別の法則（ロマ7・23）がなくなれば、あるいはまた、もし私の中のものすべてが、完全に同じ一つの思いとなって、同じ一つの心に向けられるならば（一コリ1・10）、その時には、この私もまた、「一人の人」となれるのです。

5　以上の理由から、二人の妻の〔夫であった〕この褒むべき男は、「一人」でした。〔それでは〕まず、彼がどこからやって来たのか、考えてみましょう。こう言われています。「エフライムの山から」。義なる者であれば、〔その者がやって来る場所は〕谷からではなく、野原からでもなく、〔その他の〕いかなる低き場所からでもありません。さらに、丘からでもありません。「山から」なのです。では、どの山のことなのでしょうか？　「エフライム」――これは「豊穣」と訳されます。この人は、実りをもたらす山の出身でした。彼の国は実りの地でした。また、思い起こしてください。聖書は山に対し、どんな賛辞を贈っているのかを。こう言われています。「神は山の神であって、谷の神ではない」（王上20・28）。さらにまた、この義なる者の名はエルカナ。すなわち、「神の持ち物」といった意味です。実に、「一人の人」と言われていますこの者は、神の御持ち物なのです。悪霊の持ち物ではありません。悪霊の持ち物とされる人は、「一人」ではありません。むしろ、「多」です。それは、悪霊に取りつかれていた人について、悪霊自身が〔主のご質問に〕答えて言ったとおりです。「私の名はレギオン」（マル5・9）。一方、エルカナは「一人」なる神の御持ち物。そして、この人の故郷はエフライムの山、豊穣の山。

さて、かくも褒むべきこの男には、「二人の妻があった。その一人〔の妻〕の名はハンナ、二人目〔の妻〕の名はペニナといった」（サム上1・2）。二人目〔の妻〕のペニナとの間には子どもがいました。しかし、最初の妻は不妊〔の女〕でした。彼女の方が、高貴さ〔に関して〕は上であったのですが。これと似たようなことを、創世記においても見つけることができるでしょう。そう、神の聖書〔の記述〕は互いに一致しています。その〔創世記の〕箇所において、皆様は見出すことでしょう。アブラハムの最初の妻にして、より高貴な妻であったサラと、一方で、第二〔の妻〕として、卑しき〔女奴隷の身分であった〕エジプト人のハガルとを。さらに、アブラハムが〔子を儲けることによって〕先に父とさせられた相手は、卑しき妻の方であって、高貴な妻ではなかったということを（創11・29以下、同16・1以下）。もちろん、やがて彼は高貴な愛妻を通しても父となりますが（創16・15、同21・2）。当該のエルカナ、すなわち、神の御持ち物も同様です。彼もまた、〔ハンナよりも〕先に二番目の妻を通して父となります。そしてそれは、神がハンナの胎を閉ざされていたからです（サム上1・5）。まさに、かつてサラの胎が神によって閉ざされていたように（創16・2）。しかし、ペニナの度重なる出産の後に、ハンナの胎も、祈りと嘆願とによって開かれます。ハンナ自身も、彼女が神に献げた（サム上1・19以下、同1・27以下）ところの子の母となります。では、これらの物事の中に、一体どんな秘義が宿っているのか、考察してみましょう。ペニナは「悔い改め」(25)を意味し、一方のハンナは「恵み」と訳されます。神の御持ち物とさせられることを望む私たちは皆、この二人の妻たちと結ばれねばなりません。そして、〔彼女たちとの〕結婚を彼女たちと共に祝わねばなりません。始めに結ばれるべき妻は、より高貴で気高き妻、すなわち恵みであります。さらに、私たちの最初の相手としてのこの妻とは、信仰を通して結ばれます。それは、使徒も言っているとおりです。「あなたがたは、恵みにより、信仰によって救われました」（エフェ２・８）。次に、私たちはペニナ、すなわち、悔い改めと結びつかねばなりません。と言いますのは、信ずる〔ものとさせられた〕恵みの後に、習慣を改め、生活を顧みるに至るからです。ですが、確かに結婚に関してはそのような順序でなされるとしても、出産に関しては、それとは逆の順序でなされます。つまり、私たちに子どもをもたらしてくれるのは、ペニナが最初です。なぜなら、最初の実りは、私たちの悔い改めによってこそ結ばれるものだからです。また、最初の義の子どもは、私たちの行いと業によってもたらされるものだからです。実に、義の最初の働きは、罪から悔い改めることです。悔い改めることがなければ、あるいは、悪から離れることがなければ、ハンナを通して父とされることは不可能ですし、恵みの子どもたちを生み出すこともできません。

さてそれでは、それぞれの違いについて考えてみましょう。ペニナには子どもたちがいます。しかし、〔後に生まれるサムエルとは違い〕神にお近づきになる子どもたちではありません。悔い改めの子どもたちというものは、神にお近づきになることも、また、神に繋がれることが許されるような子どもたちでもありません。だからといって、彼らは〔神にとって〕全く意味の無い者たちではなく、また、神に関わる事柄と遠く隔たっている、というものでもありません。そう、彼らは神へのいけにえにあずかり（サム上１・４）、神に献げられた供え物を食べる〔ことができる〕わけですから。私たちは皆、まず罪から悔い改めます。そして、悔い改めることによって、義の業を生みます。その後で、私たちの中でハンナが立ち上がります。彼女は善への熱意と、そして、〔ペニナへの〕良き競争心による祈りを神に注ぎます。自分にも子どもが授かるようにと願って。では、ハンナ、すなわち恵みは、どのような子どもたちを生むのか？　神に仕える子どもたちです。なぜなら、「恵みと真理はイエス・キリストを通して現れたからである」（ヨハ1・17）。実に、恵みの子とは、神と神の言葉のために専念する子どもです。

ですが、お望みならば――私はもっとはっきりとした形で、さらに、福音書と共通する解釈を示して差し上げましょう。律法においては、妻たちを通しておぼろげに示されておりますことが、福音書においては、姉妹を通してより明確にされています。マルタとマリアをお考えください。この二人の内、マルタの方はとてもあくせくし、多くの務めのために大忙し（ルカ10・40以下）。いわば彼女は悔い改めの業を果たし、その業を通して、悔い改めの子どもたちを生んでいます。一方、神の言葉の足もとに寄り添い、「最も良い方を選んだ」（ルカ10・39、42）と言われているのはマリア。このため彼女の方は、いわば恵みの子孫を生んでいると理解されます。かくして、ハンナも今、子どもを生みます（サム上1・20）。どのような子か？　「サムエル」と記されています。それは、神にお近づきになる子ども。彼については、詩編で次のように言われています。「主の祭司からはモーセとアロンが、御名を呼ぶ者からはサムエル」（詩99・6）。また、エレミヤもこう言っています。「たとえモーセとサムエルが私の前に立とうとも、私は彼らを赦さない」（エレ15・1）。恵みの子は本当に偉大です。だから私たちも、ハンナとの結婚に急ぎましょう！　ですがその前に、悔い改めの子どもたちを生むために、しっかりと努力しようではありませんか！　それは、まずは良き行いに喜びを見出し、その後で、恵みの子ども、聖霊の賜物（使2・38、10・45）による子どもをも生むためです。だとしても、どのような子を？　「サムエル」と言われています。この名は、「神ご自身がそこにいます[26]」といった意味です。ご注意ください。恵みはどのような子どもたちを生むものなのか？　恵みの霊にあずかった人々について、次のように記されています。すなわち、使徒の曰く、「皆が預言しているところへ、不慣れな人か、信者でない人が、あなたがたの集いに入って来たら、彼は皆から違いを悟らされ、皆から裁かれ、また、心に隠していたことが明るみに出され、結局、ひれ伏して神を礼拝し、『まことに、神はあなたがたの中にいます』と言うでしょう」（一コリ14・24以下）。実に、サムエルが意味するところは、「神ご自身がそこにいます」。恵みの霊（ヘブ10・29）がいますところには、神ご自身もそこにおられます。ですが、こういった子どもが私たちに生まれるためにも、最初にペニナの子どもたちが出て来なければなりません。つまり、悔い改めの業が先立たねば、私たちは恵みの霊に相応しくはありませんし、また、恵み〔すなわちハンナ〕を通して、霊の賜物を生むことも不可能です。

6　さて、次のことも考えてみましょう。エルカナはその妻と一緒に、どこに赴いたのか？　こう記されています。「シロにおいて、主にいけにえを献げるために」。さらに、「シロには主の祭司、エリとエリの二人の息子ホフニとピネハスがいた」（サム上1・3）。「シロ」は地名です。エルサレムに神殿が建設される前、そこで主のためにいけにえが献げられていました。シロと呼ばれるところで、罪のためのいけにえの動物が献げられ、そしてそこで、罪からの清め〔の儀式〕が執り行われていました。ところで、「シロ」は「取り除く」、あるいは、「脱ぐ」——つまり、履物〔の紐〕を解くこと——といった意味です。どちらの意味も〔文脈に〕良く当てはまります。罪が清められる場所としては、いみじくも「取り除く」と呼ばれます。まさに、石の心が取り除かれ、肉の心が与えられる場所として（エゼ11・19）。一方、「脱ぐ」〔という意味で理解する〕ならば、こういうことです。すなわち、聖なる場所に赴く道の途中、誰しもが靴を履いているからです。しかし、そこに到着した際には、靴を脱ぐように命じられているのですが、それは、モーセに対して言われているとおりです。――「あなたの靴紐を解きなさい。なぜなら、あなたが立っている場所は、聖なる土地なのだから」（出3・5）。さあ、どう思われますか？　これらの言葉には〔文字通りではない〕何らかの秘義が宿ってはいないのでしょうか？　それとも、神はモーセの物質的な履物をお嫌いになられたがゆえに、これらのことをお命じになられたのでしょうか？　あるいはむしろ、こう考えられないでしょうか？　つまり、エジプトの地を発ったモーセは、〔動物の〕死骸の皮から成る靴を身に着けていた。あたかも、一種の死に縛られていたかのように。ところが、彼が美徳に向かって成長し始め、神の山（出3・1、4・27）に登り、そこで滅びることを知らぬ秘義に仕え始めた時、彼は命令を受けます。皮の履物によって示されるところの、滅びのしるしを取り去るようにと。私は思うのです。こういったことのために、救世主もまた、ご自身の使徒たちに対し、足に靴を履かないようにとお命じになられた（マタ10・10）のではないでしょうか。それは、永遠の命を告げ知らせるために走った使徒たち皆の足が、この死すべきしるしを身に着けることがないためでありました。彼らが歩んだ道は、「私は道であり、真理であり、命である」（ヨハ14・6）と呼ばれる道でした。だとすれば、この命の道を、死すべきしるしを携えながら進む人など、誰一人いません。

当該のシロはそういった場所でした。そこにエリもいたわけですが、しかし、この人はあまり褒められるような人ではありませんでした。なぜなら、彼はその罪のために、真っ逆さまに落ちて死んでしまったからです（サム上4・18）。ですが、ご注意ください。真っ逆さまに落ちて死んでしまったのは、彼だけではありません。そう、この今も、もし真っ逆さまに落ちていく人がいれば、つまり、信仰と真理に背を向ける人がいれば、その人にとって、今すぐにでも倒れて死んでしまうことは避けられません。申命記においても、罪人に対して警告が向けられています。こう言われています。「不治のオピストトノスも」[27]〔申32・24、七十人訳〕。「オピストトノス」とは、背中、あるいは〔体の〕背面部分の病気のことです[28]。確かに言えることとして、人は様々な病気に罹りますが、理由なくして罹るのではないということです。実に、この〔オピストトノスの〕ような病気は、ゆえあって罪人に襲いかかる病なのです。その証拠に、創世記においても、神の掟を破ったと言われるロトの妻は、後ろを振り返ってしまったわけです。神の掟によって、彼女は命じられていたはずです。決して後ろを振り向かないようにと。また、どこにも立ち止まらないようにと〔創19・17〕。こうして、彼女は塩の柱になってしまいました〔創19・26〕。私たちの主なる救い主も、福音書で言っておられます。「鋤《すき》に手をかけてから、後ろを振り返る者は誰であっても、神の国に相応しくない」〔ルカ9・62〕。さらに、このお方は多くのことを教えられた後、加えてこのようにも言っておられます。「ロトの妻のことを思い出しなさい！」〔ルカ17・32〕最も良きこと。それは、後ろのものを忘れ〔フィリ3・13〕、過去を忘れることです。私たちが癒やし難き病オピストトノスに襲われないように、そして、私たちがエリのように後ろに倒れて死んでしまわないために。

7　「そこにはエリの二人の息子たちがいた」〔サム上1・3〕。「エリ」は訳すと「アラブ人」、あるいは、「異邦人」といった意味です。鍛練させるのを惜しむような人、すなわち、罪を犯す息子を罰することなく、正して改善させることもないような人、あるいは、悪行に対し寛大であり、過ちを懲らしめることのないような人は、神から見離された異邦人です。使徒も言っているとおりです。「誰もが受ける鍛練を受けていないとすれば、あなたがたは庶子であって、実の子ではありません」（ヘブ12・8）。まさにこの点において、エリという人は、神から罰せられる〔べき〕人です。

ではさらに、エリの息子たちはどのような人たちであったのでしょうか？「ホフニとピネハス」（サム上1・3）とあります。「ホフニ」を訳せば、「悔い改めに背を向ける」となります。ペニナに関しては先程申し上げました。つまり、「悔い改め」〔を意味するの〕だと。対して、この〔ホフニという〕者は、改善から遠く離れて背を向けています。主に立ち返ろうともしません。よって、彼は不信仰なまま。しかし、どうでしょう、罪を犯した後、悔い改めに立ち返ることのない人たちがいれば、〔さらに、〕やがて訪れる裁きを恐れることなく、次のような神のご警告の言葉――「倒れて、起き上がろうとしない者があろうか？あるいは、離れて、立ち返らない者があろうか？」（エレ8・4）――に対して恐れを抱かない人たちがいれば、彼らのことを、「悔い改めに背を向けるホフニ」といった名で呼ぶとしても、構わないでしょう。

エリのもう一人の息子の名はピネハスです。ご存知のとおり、聖書において、二人の者がこの名で命名されています。アロンの息子である、かの正しき人ピネハスと[29]、エリの息子である、ここでの不義なる人ピネハスです。このため、私はまさにこの〔ピネハスといった〕名に二つの意味を見出します。つまり、私たちの言語にしますと、ピネハスは「口を閉じる」、あるいは「口を大切にする」といった意味になります。実に、罪人、ないし〔御言葉を〕語る勇気を宿していない人は、閉ざされた口を持っているものです。一方、義なる者は、己の口を大切にいたします。今日においても、主に仕える祭司たちの中に、両者のピネハスが見受けられます。また、聖書においてーー民数記に記されていますようにーー最初の司教（民4・16）[30]として名づけられたエルアザル〔のように優れた司教が今日に〕も存在します。本当に、今日の祭司たちの中に、〔優れた多くの〕ピネハスが存在します。彼らは皆、口を大切にしています。だから、「彼らの口からは、悪い言葉は一切出てきません」（エフェ４・29）。いかなるつまずきも、いかなる偽りも、いかなる策略も、どんなごまかしも、その口から引き出されることのない祭司たちが存在します。彼らはまさに、かのピネハスなるアロンの息子に譬えられます。一方、ここでのエリの息子ピネハスに倣った祭司たちも存在します。彼らは閉ざされた口を持っています。無知といった過ちを通して、あるいは、罪に満ちた良心を通して、そういった口を持っています[31]。本当に、私が望んでいますこととして、己が祭司の階級に立たせられていることを認識している人であれば、〔行いの〕改善と勉学に対し、必死になって努力せねばなりません。そして、祝福された祭司たちの仲間となることを切に求めねばなりません。それは、自分がこちらの祭司たち、すなわち、神によって非難を受け、罰せられる祭司たちの一人として見出されることのないためです。

8　さて、いよいよハンナの祈りについて短くお話しさせていただく時間となりました。この祈りは、ハンナが乳離れさせたサムエルを神に献げる際に（サム上１・28）、彼女が吐露した祈りです。この祈りに関して、私たちは最初に確認するのですが、神に献げられたこの子どもは、乳離れされる前には〔神に〕献げられ得ませんでした。この点から明らかにされますように、まだ乳で養われている人、また、その思いが子どものままで、さらに、「義の言葉にあずかってはいない」（ヘブ５・13）ような人は、誰一人、神のために奉献されることはありません。そのような人たちにとって、祭司の秘義を管理することは許されません。祭司の秘義を管理するためには、子どもに属するものを捨てねばなりません。また、「私はあなたがたに乳を飲ませました。〔固い〕食物ではありません。なぜなら、あなたがたはまだ〔固い食物を〕食べられなかったからです」（一コリ3・2）と使徒によって言われているところの人たちから、進歩していなくてはなりません。以上のように〔霊的な意味に〕理解せず、〔ここでの聖書テキストを〕文字通り理解するのならば、最近乳離れしたばかりの幼子が神に献げられたからといって、何か益があると思われますか？　母はおらず、乳母は養育せず、教育に関する一切の支援が与えられていない、といった場合に〔そういった子どもを神に献げたからといって、何の益があると思われますか〕？　ですから、ご注意ください、聖書の言葉はまさに比喩的に教えています。信仰へと回心した人は皆、始めは固い食べ物ではなく、乳で養われるものなのだ、といったことを。こういったことについて、別の箇所でも言われています。「あなたがたは、固い食物ではなく、乳を必要とする人たちなのです。乳を飲んでいる者は皆、幼子ですから、義の言葉から遠く離れています。固い食物は、習慣によって善悪を見分ける感覚を鍛えられた完全な人たちが、その能力に応じて受け取るためのものです」（ヘブ5・12―14）。以上のように、いまだ乳離れせず、幼子である者は皆、主の神殿に上ることは許されません。祭司として仕えるために上ることも許されませんし、いけにえにあずかることも許されません。ですから、この子〔サムエル〕の母親もまた、〔今はまだ神殿に〕上ることはいたしません。〔彼女自身は〕上って行くことができたのにもかかわらずです（サム上1・22）。恵み、すなわちこの子の母ハンナは、この子を守り、世話し、養います（サム上1・23）。そして相応しい時が来れば（詩32・6）、この子と共に上ります（サム上1・24）。ハンナはやがて認識することになります。この子にとって、乳離れし、固くしっかりとした食物を食べる時が来たということを。さらに、この子が祭司の職にあずかり、祭壇のいけにえを食することができる時が来たということを。その時にこそ、ハンナはこの子を神に献げます（サム上1・24）。どうぞお調べになってください！　聖書の別の箇所において、乳離れした人についての記述が見られないかどうか。私は今、記憶を呼び覚ますのですが、イサクのことを思い出します。イサクについて記されていますこととして、アブラハムの子イサクが乳離れした日に、アブラハムは盛大な宴を催しました（創21・8）。この世において、親は子どもの誕生日を祝うのが常です。それなのに、アブラハムはその子イサクの誕生日を祝うのではなく、むしろ、イサクを乳離れさせ、固くしっかりとした食べ物を差し出すその日を、祝日として扱い、喜びを見せて宴を催しました。あたかも、イサクがこう語ったかのように。「大人になったとき、私は幼子であったものを捨てました」（一コリ13・11）。神に献げられる人は、聖別された肉を食せる人でなくてはなりませんでした。それは、聖なる者たちの一員となるためでした。この聖別された肉については、次のように記されています。「あなたがたは身を清めなさい、肉を食べるために！」（民11・18）

9　では、恵みであるところのハンナが、どのような祈りをもって、サムエルを神に献げるのか、考えていきましょう[32]。まさにその祈り出しにおいて、私たちは新たな点に気づかされるのではありませんか？　つまり、こう言われています。「ハンナは祈って言った」（サム上2・1）。ところが、私の判断によれば、恐らく、彼女が神に祈り、あるいは、神に語りかけている箇所は、次の二つの言葉のみであるはずです。それは、彼女がこう言っている箇所です。「私はあなたの救いを喜びます」（サム上2・1）。さらに、「あなたの他にはいない」（サム上2・2）。〔彼女の祈りの〕始めはこうです。「私の心は主にあって喜ぶ」（サム上2・1）。つまり、彼女は、「私の心はあなたにあって喜ぶ」とは言いませんでした。祈りであったならば、「私の心はあなたにあって喜ぶ」と言うのが適切だったのではないでしょうか？　さらに、この後の部分で、彼女はこう言っています。「私の角は神の中で上げられた」と言ったのではありません。「私の角はあなたの中で上げられた」と言ったのではありません。「神の中で」と言ったのです。そして、「私は敵に向かって大きく口を開きます。私はあなたの救いを喜びます」（同）と続きます。繰り返しますが、この一文は、「私はあなたの救いを喜びます」といったように記されています。それなのに、彼女はこの後、「あなたのように聖なるお方はいません」とは言っていないのです。「主のように聖なるお方はいません」（サム上2・2）と言っているのです。さらに、「あなたの他にはいません」（同）と続きますが、この言葉に関しては、祈りの規則を保っているように思われます。ですが、最後の方で、彼女はまたもや嘆願の形式とは遠くかけ離れた、勧告のような形式の言葉を挿入して言っています。「悪い言葉を多く重ねることのないようにしなさい。あなたがたの口から高慢な言葉が出て来ないように。主はその知識において力あるお方だから」（サム上2・3）。こういった言葉においては、彼女が主に向かって語っているとは全く思われません。

本当に、以上の事柄について、どう考えればよいものでしょう？　使徒による「絶えず祈りなさい！」（一テサ5・17）といった〔勧めの〕言葉を私が読んだ際に、私は思ったものです。はて、この掟は実現可能だろうか、と。一体誰が、飲み食いするための時間を必要としないかのように、祈りを一時も中断せずにいられるでしょうか？　実際に飲み食いするためには、当然ですが、祈りを中断しなくてはなりません。この掟（一テサ5・17）に〔文字通り〕従おうとしたら、眠ることも、また、人間が行うその他の習慣も、いわゆるところの祈り[33]においては認められないことになるのです。ではどうでしょうか、神の務めのために走り回っている人の行いはすべて、祈りに当てはまらないのでしょうか？　あるいは、その者が神に従って行い、そして語ったところの行いと言葉はすべて、祈りに当てはまらないのでしょうか？　もし、祈りといったものを、我々の普通の仕方でのみ理解するならば、ハンナのこれらの言葉は、祈りとしては聞こえないでしょうし、そしてまた、いかなる義人も、使徒の教えに従って絶えず祈るようにとは命じられていないことになります。しかしかりに、義人が神に従ってなす行い、あるいは、神の掟に従ってなす行いはすべて、祈りとみなされるのならば、義人は絶えず義を行っているわけですから、そのことをもって、義人は絶えず祈っていることになるでしょう。はい、義人は決して祈りを中断することはありません、義人であることを中断しない限り。つまり、人が何らかの不義を行う時、あるいは、罪を犯している時には、当然ですが、その人はその間、祈りを放棄していることにもなるのです。

私が思いますに、以上のことを詩編も教えています。つまり、「両手を上げることは、夕べのいけにえ」（詩141・2）とあります。私は思うのです。もし人が手を天に向かって上げ、あるいは広げたとしても――これはいつもの祈りの姿勢でありますが――、直ちに神にいけにえを献げたことにはならないのではないか、と。むしろ、どうでしょうか、恐らく、この箇所における神の言葉が教えていますこととして、「手」という言葉によって、諸々の業のことが理解されているのではないでしょうか？　手を上げる人〔つまり、詩編の作者〕は、その行いをこそ地上から上げているのです。そして、今なお地上を歩んでいた彼が向かうところは、「天にある」（フィリ3・20）のです。高みにある立派な行いを見た人たちは、天の父を崇める（マタ5・16）ようになります。まさに、高みにある立派な行いのことが、「両手を上げること」、及び「夕べのいけにえ」として言われているのです。以上のようなことは、律法が秘義として教えていたことでもあるのではないか？　つまり、モーセが手を上げていた間、イスラエルは勝利しました。一方、手を下ろした時には、アマレクが優勢を占めたのです（出17・11）。さらに、「これらのことは譬えとして彼らに起こったのですが、それらが書かれたのは、世の終わりに臨んだ私たちのためです」（一コリ10・11）とあるのですから、私たちは悟らねばなりません。神の僕（ヨシュ1・1）が、その行いを神に向かって上げている間は、神の民は勝利を収めるということを。反対に、手を下ろし、すなわち、その行いを下ろしている間は、神の敵アマレクが勝利するのです。

皆様はどうでしょうか？　これらの記述を霊的にではなく、字義通りに理解したがる人たちとの関わりを、私はきっぱりとお断りしたいのです。それとも何ですか、全能なる神がモーセの手を観察されていたとでもお思いですか？　彼の手が上げられたのを御覧になられた際に、神はイスラエルに勝利を賜ったということなのでしょうか？　反対に、手が下げられれば、アマレク人にそうされたということなのでしょうか？　本当に、聖霊による御言葉を、そのように受け取ってよいものなのでしょうか？　あるいはむしろ、これらの言葉において、〔旧約聖書の時代にとっては〕未来の秘義が予め示されていたと考えるべきではないのか？　確かに、以上の物語は、「十字架の秘義や、救い主の御手が釘打たれたことを意味する」としばしば言われたりします。はい、多くの人がそう論じています[34]。ですが、福音のために生きる（一コリ9・14）人は、日々新しくされる必要があります。また、新約聖書には〔常に〕新しい理解の仕方が求められています。さらに、「主に向かって、新しい歌をうたうこと」（イザ42・10）が私たちに命じられています。パウロは言いました。「私たちの内なる人」は、一度新たにされればもうそのまま永久に留まるのではなく、むしろ、「日々新たにされる」（二コリ4・16）のだと。ですから、私たちにも求められております。「絶えず」祈るべき（一テサ5・17）仕方の祈りは、一体どのようなものなのかを解き明かすことが。そして、「夕べのいけにえ」と呼ばれているところの「両手を上げる」ことについても同様です。使い古された解き明かしに飽き足りることなく、それとは異なる新しい解き明かしでもって、こういった言葉を解き明かすことが、私たちに求められています[35]。

10 では、このハンナの祈りでもって、何が意味されているのか、考えていきましょう。もし、私たちがその祈り〔の意味〕を学んだとしたら、恐らく私たちもまた、彼女と同じように祈ることができるでしょう。こう言われています。「私の心は主にあって喜び踊った」（サム上2・1）。ハンナとしては、「主にあって」と付け加えねばなりませんでした。なぜなら、「主にあって」の喜びでない喜びもまた、存在するからです。実に、「主にあって喜びなさい！」（フィリ4・4）とも言われているとおりです。一方、私たちは、肉において喜ぶことができますが、それは主にあって喜ぶことではありません。もし、私が目に見える宝を見つけたことを喜ぶとしたら、それは肉の喜びであり、主にある喜びではありません。もし、私が人から褒められること——恐らく、私は人から褒められるに値しませんが——を喜ぶとしたら、それは主にある喜びではありません。もし、私が傍くて朽つべき物事に喜ぶとしても、そういった喜びはすべて、褒められるような喜びではありません。ですが、もし、私が主の名のために辱めを受けるほどの者にされたことを喜ぶ（使5・41）としたら、その喜びは、主にあっての喜びです。主ご自身も、喜ぶことに関して、こう言われました。「喜びなさい。大いに喜びなさい。天には大きな報いがある！」（マタ5・12）もし、私が不当な苦しみに追い立てられ（マタ24・9）、そしてそのことを喜ぶとしたら、もし、私が神の言葉のために責め立てられ、そしてそのことを喜ぶとしたら、もし、私が困窮、行き詰まりの中に置かれていて（二コリ12・10）、そしてそのことを喜ぶとしたら、もし、こういったすべてのことに、私が喜びを見出せるとしたら、その喜びは、主にあっての喜びです。聖書は私たちに教えています。私たちが地上の儚くて朽つべき喜びを捨て去り、むしろ、主にある永遠の喜びによって喜び踊るようにと。この時にこそ、私たちはまさにハンナが言った言葉を口にすることができるでしょう。「私の心は主にあって喜び踊った」（サム上2・1）と。ところで、私が話している最中に、ここにいる皆様の中のお一人が汚れた霊に取りつかれ、大きく叫んでしまったことによって、大勢の人々が集まって来てしまいましたから[36]、私たちは〔ハンナの言葉を〕告白しましょう。「私の心は主にあって喜び踊った」といったハンナの言葉に聞く私たちですが、敵の霊は、私たちが主にある喜びを抱くことに我慢ならなかったようで、今私たちの喜びを揺り動かし、取り除こうとしています。さらに、敵の霊は、主にある喜びの代わりに、私たちに対して悲しみを抱かせようとし、私たちが「私の心は主にあって喜び踊った」と告白するのを禁じようとしています。しかし、私たちは〔悪霊によって〕差し止められてはなりません。むしろ、ますますもって言いましょう。「私の心は主にあって喜び踊った」と。なぜなら、私たちはまさに今、汚れた諸々の霊が打ち負かされる様子を目撃しているのですから[37]。また、汚れた諸々の霊が打ち負かされることを通して、多くの人が神に立ち返っていき、〔その魂は〕改善され、信仰に至ることにもなるのです。神が理由なくして何かを行われることはあり得ません。神は、あることが無益に行われるのを許されません。確かに、御言葉を信じず、正しき御教えを受け入れない人たちは多い。そういった人たちには、悪魔が襲いかかります。しかし、その後彼らが立ち返れば、「罪が増したところには、恵みはなおいっそう満ち溢れる」

（ロマ5・20）ことになります。悪の力が働いたところには、主の恵みもより一層働くこととなります。なぜなら、主の恵みは悪しき霊を追い払われ、代わりに聖霊を注いでくださるからです。その結果、汚れた霊に取りつかれた魂（マル1・23）は、聖霊に満たされます。以上、こういったわけで、「私の心は主にあって喜び踊った」のです。

「私の角は、私の神において高く上げられました」（サム上2・1）。義なる者たちが何かを行い、あるいは何らかの言葉を語る際に用いるところの角が存在します。それは、「私たちはあなたによって、敵を角で振り落とそう」（詩44・6）と言われているとおりです——ここでのギリシア語「κερατιοῦμεν」は、「私たちは角をもって襲いかかろう」、あるいは、「私たちは角をもって振り落とそう」といった意味で用いられています[38]——。一方、別のところでも、このように言われています。「義なる者たちの角が高く上げられるだろう」（詩75・11）。私たちは、義といった材料から成る、キリストの十字架の先端として譬えられるところの角を持つべきです。私たちはこの角をもって敵の力を破壊し、己の魂からそれを追い出します。そして、敵の力が打ち負かされ、駆逐されることによって、私たちの中にぶどう畑が植えられます。それは、「愛する者のために、角によって、肥沃な土地にぶどう畑が据えられた」（イザ5・1）とあるとおりです。この義なる女、すなわち、恵み〔ハンナ〕の角も、主において高く上げられました。すべての義なる者たちの角も同様です。

「私の口は敵の上に大きく開かれました」（サム上2・1）。「口を大きく開けよ、私はそれを満たそう」（詩81・11）といった言葉が〔聖書に〕記されています。今、この義なる女も言っています。「私の口は大きく開かれました」。もし、私が言葉において大いに有能であれば、また、私が知恵において堅固な者となれば、私は説得に乏しい主張をもってしてではなく、むしろ、〔敵に向かって〕大きく開かれた豊かな論拠をもってして、キリストの信仰と真実とに逆らうあらゆる高慢な知識を打ち砕く（二コリ10・5）ことができるでしょう。あるいは、もし、私が律法と預言書とをもとに、不信仰にして不真実なるユダヤ人の非を指摘し、「イエスはキリストなり」と証明できるとしたら、さらに、もし、私がいついかなる時も、真理に逆らう敵に反駁できるとしたら、その時には、この私もまた、まさに言うことができます。「私の口は敵の上に大きく開かれました」（サム上2・1）と。もし、バシリデスが私に向かって論争を仕掛けてきても、私は激しく彼を打ちのめし、あるいは、もし、ヴァレンティヌスの弟子が私に質問攻めを仕掛けてきても、私はこの闘いの勝者となるでしょう。そして、彼らが敗北した後に、マルキオンが私に向かって来るとしても、彼もまた打ち負かされて遠ざかって行くとしたら、まさに、「私の口は敵の上に大きく開かれた」（サム上2・1）ことになります。[39] こういった者たちが反駁された後、もし、哲学者たちがやって来て、私たちの素朴な信仰を愚弄し、[40] 私たちのことを愚かで無学な者と言い放つならば、私の方もこれらの者に対抗し、真実なる知恵の力をもってして、彼らの上辺だけの間違った知恵の雲を散り飛ばし、さらには、この世の知恵、及びこの世の支配者たちの知恵（一コリ2・6）を滅ぼすことでしょう。その時には、まさに、「私の口は敵の上に大きく開かれた」（サム上2・1）ことになります。本当に、この〔ハンナの〕言葉は、真実と真理に基づく言葉であります。本当に、「私の口は敵の上に大きく開かれた」（サム上2・1）といった言葉は、全き聖なる者としての声です。このような言葉を語り、告白することができるような人は、真実と真理に身を置く人です。神が私たちの口を満たしてくださる（詩81・11）ためにも、私たちはまず、己の口を大きく開かねばなりません。では、どのようにして、口を大きく開くというのでしょうか？　すなわち、神の言葉の観想によってこそ、私たちは前進し、口を大きく開くに至ります。それだけでなく、やがては心を大きく開くまでに至り、そしてその際には、使徒と一緒に、私たちも言うことができるでしょう。「ああ、コリントの兄弟たち、私は心を広く開きました」（二コリ6・11）と。豊かな知恵〔の言葉〕は、その心から溢れ出ることによってこそ、〔初めて〕口に上るものなのです（マタ12・34）。〔そして、〕**11**[41]「私はあなたの救いの内に喜びました」（サム上2・1）とあります。もし、私が神の救いの内に喜ぶならば、その時には、「私の口は敵の上に大きく開かれた」ことになります。

「主のように聖なるお方はいません」（サム上2・2）。もし、「主の他に聖なるお方はいない」と記されているのだとしたら、結果として、私たちは皆、自らが聖なる者となることの希望を捨て去らねばなりません。しかし、聖書は今、「主の他に聖なるお方はいない」との言葉によって、はっきりとした区別を提示しています。つまり、確かに聖なる者は大勢いますが、主と同じような聖なる者は誰一人おりません。確かに、多くの人が聖なる者となれます。それは、神の戒めも告げているとおりです。「私が聖なる者であるから、あなたがたも聖なる者となりなさい！」（レビ20・26）しかしながら、聖に関わる領域において、ある人がいかに前進したとしても、また、どれほど純粋さや誠実さを増し加えたとしても、主と同じような聖なる者とはなれません。主が聖の送り主であられ、一方、人はその受取人です。主は聖なるものの泉であられ、一方、人はその聖なる泉から飲む者です。主は聖なるものを放つ光であられ、一方、人はその聖なる光を見つめる者です（詩36・10）。こういうわけですから、「主のように聖なるお方はいません。そして、あなたの他にはいません」（サム上2・2）。

「あなたの他にはいません[42]」（サム上2・2）とハンナが言った言葉に関して、私は分からなくなります[43]。かりに、ハンナが「あなたの他に神はいません」と言ったのだとしたら、あるいは、「あなたの他に創造主はいません」、あるいは、そのような意味の言葉を添えて語ったとしたら、何も問題とはされなかったでしょう。しかし、ここでは、「あなたの他にはいません」と言われています。そこで、私には、この箇所では次のように意図されているのだと思われます。すなわち、「存在するものの内、生来自分自身の存在を持つものはいません」ということです。[44] 言い換えれば、「あなた〔神〕お一人が、その存在を誰からも受け取ってはおりません」ということです。私たち被造物は皆、創造される以前は存在していませんでした。私たちの存在は、創造主の御心にかかっているからです。私たちが存在していなかった時があるわけです。「私たちが存在していなかったその時において、私たちは存在している」と言ったりすることは、正しくありません。一方、神は、その存在を最初からお持ちである唯一のお方です。神は、誰かから存在させられ始めたわけでもありません。このため、モーセが神に対し、そのお名前を伺おうとしたところ、神はモーセに対し、こう教え聞かせられました。「私はあると言う者である。これこそが、私の名である」（出3・14以下）。もし、何か被造物の中で、この名、あるいはこの名称で呼ばれ得るものがあるならば、主としましても、ご自身の名に関して、「これこそが、私の名である」とは決して言われなかったでしょう。主はご存じでした。ご自身が唯一であられることと、そして、被造物はご自身からその存在を受け取るものであるということを。肉体と影とを比べてみても、〔肉体が地面に映す〕影は、本当に存在しているわけでなく、また、火と煙とを比べてみても、〔火から上る〕煙は、本当に存在しているわけではありません。まさにこのように、「天にあるものも地にあるものも、見えるものも見えないものも」（コロ1・16）、神の本質に基づくか否かといった点では、存在してはおらず、むしろ、創造主のご意志に基づく限り、創造主がそうあることを望まれたものとして存在するに過ぎません。以上、こういった理由で、「あなたの他にはいません」と言われております。

12 「私たちの神のような権威はありません」(サム上2・2)。これは、先に言われたところの、「主のように聖なるお方はいません」(サム上2・2)といった言葉と似ています。ハンナは先の箇所において、「誰も聖なる者ではない」といった意味ではなく、むしろ、「主のような聖なるお方はいない」といった意味で言ったのでした。つまりハンナは、「たとえ聖なる者たちが存在するとしても、主のような聖なるお方は誰一人存在しない」といったことを告げ知らせようとしたのでした。この箇所においても同様です。すなわち、ハンナが言うことには、たとえ力ある者たちが存在するとしても、「私たちの神のような権威は存在しません」。

13 「あなたがたは、栄光について多く重ねて語ってはなりません!」(サム上2・3)(45) なぜハンナは、「あなたがたは、栄光について語ってはならない」と言わなかったのでしょうか? 私には、何らかの栄光について語るのは許されているけれども、一方、栄光について、あるいは、難解な事柄について、多く重ねて語るのは許されていない、ということなのでしょうか? そうです、「栄光について多く重ねて語ってはならない」と言われている言葉は、そういった意味に捉えることができるでしょう。それでは、この言葉が指し示す意味について、私たちは「もっと詳しく」考えていきましょう。生まれながらの人間には、栄光について多く語ることは許されておりませんし、また、栄光について深く理解することも許されておりません。これは、ソロモンも言っていることです。「お前にとって難し過ぎることを追い求めるな！　力に余ることを詮索するな！　お前のものと定められていることをよく考えよ！」（シラ３・21以下）　ここの箇所でも、「お前は、栄光について一切尋ねてはならないわけではないが、栄光に関する問いを多く重ねてはならない」と〔いった意味で〕言われています。確かに、人が持つ弱さを考えますと、栄光に満ち、あるいは難解な事柄について尋ね話したりするにしても、私たちは、己の生命に役立つ限りにおいて、そういった事柄を尋ね話したりすることだけに満足を見出すべきです。では一方で、どのようなことに関する栄光について、語る必要があるのでしょうか？　私が全能の神の御力について語るとしたら、あるいは、私が目に見えぬ神の永遠性について語るとしたら、私は栄光について語っているのです。また、私が神の独り子の〔御父との〕共なる永遠性[46]や、その類の神秘を告げ知らせるとしたら、私は栄光について語るのです。さらに、私が聖霊の偉大さについて議論するとしたら、私は栄光について語るのです。私たちにとって、こういったことにおいてのみ、栄光について語ることが許されています。〔御父、御子、聖霊といった〕これらの三つのことの他には、栄光について語るべきことはありません。この三位一体の崇高さと比べれば、すべてのものは卑しく、見下げられたものです[47]。ゆえに、御父、御子、聖霊に関することの他には、「栄光について多く重ねて語ってはなりません」（サム上２・３）。もし、皆様に異論がなければ、これまで扱ってきましたことを、より鮮明に明らかにするために、私は別の例を出したいと思います。たとえば、異教徒たちは、多くの神々を〔私たちの下に〕連れて来ます。彼らは、栄光について多く重ねて語ります。異教徒たちの中には、この世の創造主とその御子を軽んじ、私が知らない何らかのより崇高な神をでっち上げ、また、その他同様の神々を導入する人たちがいます。彼らは、それらを何々のアイオーンとか、あるいは、何々の神々と名付けています。

そのようにして、彼らは栄光について多く重ねて語っているわけです。

14 「あなたがたの口から、尊大な言葉が出て来ないように」（サム上2・3）。実に、使徒は言いました。「私は惨めな人間です！　死に定められたこの体から、誰が私を救ってくれるでしょうか？」（ロマ7・24）　これは、すべての人間に向けて言われるべき言葉です。なぜなら、死すべき本性は、惨めであるからです。本当に、私たちは、悪いことにおいてだけでなく、善の事柄においても試みを受ける〔惨めな〕者です。たとえば、私が何か良い夢を見たり、私に啓示が明らかにされたり（二コリ12・1）、私がしるしと奇跡を行ったり（使8・13）、私が善を働き、正義と節制、美徳を守ったといたします。しかし、これらの行いにおいても、私は試みられるのです。サタンのなせる業は他でもありません、これらすべてのことにおいて、サタンは私を唆して傲慢にさせます。そういった時には、私を懲らしめるための、サタンの使いが必要です（二コリ12・7）。それによって、私は思い上がることなく、そして、偉大な言葉を口にすることなく、言い換えれば、私は自分自身について尊大なことを語らなくなることでしょう。「偽りの唇を持ち、そして、『我らの舌を称えよう』と言って〔己の〕舌を誇るような人たち」（詩12・4以下）は滅ぼされます。ですから、「あなたがたの口から、尊大な言葉が出て来ないように。なぜなら、主は知識において力強き」（サム上2・3）お方なのですから！

15 「そして、彼らは言い逃れを改めませんでした[48]」（サム上2・3）とありますが、これと同じようなことが、他の箇所にも書かれています。「私の心を悪い言葉に向けないでください。不正を働く者らと共に、罪の言い逃れに走ることがありませんように」（詩141・4）。また、箴言においてもこう言われています。「怠け者は言い逃れをし、そして言う。『路地には獅子がいる。広場では殺人者たちがいる』」（箴22・13）。よくお分かりでしょう。自分自身〔の罪〕を訴えることなく、むしろ、あらゆることに文句を募らせるような罪人がいます。彼らは、自分たちの罪のための言い逃れを模索しながら言います。――「サタンが私をつまずかせようとし、女が私を誘惑したのだ。サタンが、言い逃れをするようにと私を唆し、罪を犯させたのだ」。しかし、彼らは、「自らの正しさを立証するために、あなたは先ず、自らの罪を述べよ！」（イザ43・26）と言われている掟を思い出すべきでした。本当に、彼らは言い逃れを改めることはありません。

ところで脇道に逸れますが――なぜなら、次の言葉には驚くべき意味合いが含まれていますので――、次のように書かれてある言葉を取り上げるべきだと思われます。「義なる者は、言葉を語る際に、まず自分自身を訴える者となる」（箴18・17）。一方、不義なる者は、自分自身をではなく、他者を訴える者となってしまいます。それは、訴える者であるところのサタンが、己自身をではなく、兄弟たちを訴える者であるのと同じです。確かに、すべての人が〔その罪を〕訴えられる必要があります。しかし、もし、私が義なる者であれば、他人が私を訴えてくるのを待つ必要はありません。むしろ、この私自身が、私に対する告訴人となるのです。では、義なる者が、どのようにして己自身に対する告訴人となり得るのか、もっと明確に説明させていただきましょう。当然ですが、ある人が罪を犯し、その過ちの中に留まり続けている限り、その人は義なる者ではなく、自分自身に対する告訴人でもありません。自分の行いを責めていないのですから。一方、過ちを悔い改めれば、その時には義なる者とさせられ、そして、他人をではなく、自分自身を訴える人となります。

16「勇士たちの弓は威力を削がれた」（サム上2・4）。燃えていると言われるところの悪の矢（エフェ6・16）は、勇士たちの弓によって放たれます。ここでも、敵の力が、「勇士たち」と呼ばれています。敵については、こう言われています。「見よ、罪人らが弓を張っている」（詩11・2）。また、「自らに死の武器を備え」（詩7・14）、さらに、「その矢に火をつけた」（同）。しかし今、「勇士たちの弓は威力を削がれた」と言われています。もし、あなたが神の武具を身にまとうならば（エフェ6・11）、もし、あなたが信仰の盾（エフェ6・16）によって防御され、救いの兜（エフェ6・17）と愛の胸当て（一テサ5・8）によって護られ、また、霊の剣（エフェ6・17）を帯びていれば、これらの装備によって、あなたに放たれた勇士たちの弓は、その威力を削がれるでしょう。なぜなら、たとえ何かしらの一本の燃える矢（エフェ6・16）が、あなたに向かって放たれるとしても、信仰の盾によって遮られ、直ちにその火は鎮められるからです。また、別の矢が投げつけられたとしても、これもまた正義の甲冑（エフェ6・14）によってはねつけられます。三本目が放たれたとしても、これもまた霊の剣によって切り落とされます。四本目が向かって来たとしても、これも同様、救いの兜によって退けられます。神の人として、これらすべての矢を受けた後でも傷つけられないならば、まさに勇士たちの弓が放つ矢は、決して的を射ることなく、その威力は削がれることになります。

17「弱い者たちが力を帯びました」（サム上2・4）。もし、「神は知恵ある者を無にされるために、世の愚かさを選ばれ、また、力ある者を無力な者にするため、世の弱さを選ばれた」（一コリ1・27）ことを理解できるならば、「弱い者たちが力を帯びた」といったことも理解するでしょう。異邦の民は、弱い者でありました。なぜなら、彼らは神の契約についてはよそ者であったからです（エフェ2・12）。しかし、この人たちが力を得ました。では、どのような力を？　「主こそ私の力、私の歌。私の救いとなってくださった」（詩118・14）。すなわち、主キリストご自身が、私たちが帯びるべき御力であられます。私たちは、かつて契約とはよそ者であり、「世にあって神もない」（エフェ2・12）者たちでした〔が、その私たちも力を得たのです〕。

18「パンに満ち足りた者たちは、奴隷の苦役を課せられました」（サム上2・5）。聖書によれば、パンに満ち足りることは罪です。それは、「愛された者」ヤコブが、食べて飲み、満ち足りて「肥え太り、足で蹴った」（申32・15）と記されているとおりです。続いて、「彼らは飢えた人たちを見捨てました」（サム上2・5）。ここでは、飢えた人たちを見捨てることによって、パンに満ち足りていた人たちのことが言われています。しかし、だからこそ、〔彼らには〕ある飢えが襲いました。その飢えとは、「パンへの飢えでも、水への渇きでもなく、神の言葉を聞くことへの飢え」（アモ8・11）のことです。確かに、「彼らは飢えた人たちを見捨て」ました。しかしそれは、「不妊の女が七人の子を産み、子だくさんの女は衰える」（サム上2・5）までのことでした。実に、「夫に捨てられた女は、夫のある女よりも、多くの子どもたちを持つ」（イザ54・1）。[49] 我らが不妊の母は、教会であります！　この母が、「七人の子を産んだ」のです。――七という数字、これは、「休息」〔といった意味〕に充てられます――「そして、子だくさんの女は衰えた」。私は聞いてみたいものです、ユダヤ人という文字の管理者たちの解釈を！　子だくさんの女が衰え、そして、不妊の女が七人の子を産むことについて、彼らはどのように解釈しているのか？　しかし、彼らのお伽話は放って置くことにし、むしろ、よく考えてみましょう。私たちは皆、己の中に、七人の子を産む不妊の女を持っていないかどうか。反対に、やがて衰えるところの豊かな子宝を持っていないかどうか。私の肉が、たくさんの肉の実りを産み出していた時、私の肉は子孫に富んでいました。淫行、汚れ、放蕩、偶像崇拝、魔術、敵意、争い、嫉妬、怒り、分裂（ガラ5・19以下）――これらが、私たちの肉による数多くの子孫たちでした。しかし、私たちがキリストの十字架に対する信仰に辿り着き、「イエスの死をこの体に帯び」（二コリ4・10）始めた時、また、「地上の肢体を殺し」（コロ3・5）始めた時、さらに、それを義と節制に仕えるものとさせた時（ロマ6・19）、これらの恥ずべき種類の子孫を産むための豊穣は消え失せ、そして、まさにこのような仕方で、「子だくさんの女は衰えた」のです。では、どのようにして不妊の女が七人の子を産むのか、考えてみましょう。私の中の不妊とは、私の魂のことでした。私の魂は、「義の実」（ヤコ3・18）を産み出さなかったのです。しかし今や、私の魂は、キリストに対する信仰を通して、「聖霊の賜物」（使10・45）に値するものとなり、「知恵と分別の霊、思慮と力の霊」（イザ11・2以下）、正義と慈愛の霊によって満たされ、そして、「神への畏れの霊」（同）によって満たされました(50)。そう、確かに、「不妊の女が七人の子を産み、子だくさんの女は衰えた」のです。

19　「主は死なせ、また生かされます」（サム上2・6）。主は誰を殺し、誰を生かされるのでしょうか？　私を死なせてくださるのです。主が私に対し、罪に死なせて（ロマ6・2）くださるのです。そして、主は私を生かしてくださいます。主が私に対し、神のために生きる者とさせてくださいます。私は罪人として、不義の中に生きて参りました。主は私に対し、罪に死なせてくださり、古き命に死ぬ者とならせ、そして私を生かしてくださいました。それは、私が主を畏れて生きるようになるためであり、私が主に対する信仰に立つ（一コリ16・13）者となるためです。そして、もはや私が罪によって生きるのではなく、私を死者の中から蘇らせてくださった神のために生きる者となるためです。そしてまた、我らが主キリスト・イエスにおいて、私が「新しい命を歩む」（ロマ6・4）者となるためであります！ キリスト・イエス、このお方に、世々限りなく、栄光と支配とがありますように、アーメン！[51]

説教二——サムエル記上28章3—25節

小高　毅訳

エン・ドルの口寄せ女

第28章

3 サムエルは死んだ。全イスラエルは彼を悼み、彼の町アルマタイムに葬った。そしてサウルは、この地
から口寄せや賢者たちを追放した。4 諸国民は集結し、ソマンに来て陣を敷いた。サウルも全イスラエ
ル軍を集めてギルボアに陣を敷いた。5 サウルは諸国民の軍勢を見て、恐れをなし、心はひどく怯えた。
6 サウルは主に伺いを立てたが、主は夢によっても、幻によっても、また預言者によってもお答えになら
なかった。7 サウルは家臣たちに言った。「口寄せの女を探してくれ。私が彼女のところに行って、彼女に
尋ねてみよう」。家臣たちは言った。「口寄せの女なら、たしかエン・ドルにいます」。8 サウルは変装して

衣を替え、二人の供の者を連れ、夜その女のところへ行った。サウルは言った。「どうか、私のために口寄
せによって占い、私が話すことを解き明かしてほしい」。9 するとその女は言った。「今やあなたはサウル
がしたことをご存じでしょう。サウルは口寄せや賢者たちを皆この地から滅ぼしました。なぜあなたは私
の命を罠にかけ、殺そうとするのですか？」 10 サウルは女に誓って言った。「主は生きておられる。この
ことで、あなたが罰を蒙ることはない」。11 女は言った。「誰を呼び寄せましょうか？」 サウルは言った。
「サムエルを呼び寄せてもらいたい」。12 女はサムエルを見ると、大声で叫んだ。そして女はサウルに言っ
た。「なぜ私を欺いたのですか？ あなたはサウル様ではありませんか」。13 王は言った。「恐れなくてもよ
い。見たものを言え」。女はサウルに言った。「神々が地から上って来るのが見えました」。14 サウルは女に
言った。「お前はどのように思ったか？」 女は言った。「正しい人が地から上って来ます。彼は二枚織りの
服をまとっています」。サウルはそれがサムエルだと分かったので、顔を地に伏せ、礼をした。15 サムエル
は言った。「なぜ私を呼び寄せ、私を煩わすのか？」 サウルは言った。「私は困り果てています。諸国民が
私に戦いを仕掛けているのに、神は私から離れ去り、もはや預言者によっても、夢によってもお答えになり
ません。今あなたをお呼びしたのは、なすべきことを教えていただくためです」。16 サムエルは言った。「な
ぜ私に尋ねるのか？ 主があなたから離れ去り、あなたの隣人に付かれたのだ。17 主は、私を通して告げ
られたことをあなたに実行された。主は、王国をあなたの手から引き裂き、それをあなたの隣人であるダビ
デにお与えになるだろう。18 あなたは主の声に従わず、アマレクに対する主の燃える怒りを遂行しなかっ
たので、主はこの日、あなたに対しこの事を行われたのだ。19 主はあなたと一緒にイスラエルを諸国民の

手に渡される。明日、あなたとあなたの息子は共に倒れるだろう。また主はイスラエルの軍隊を諸国民の手に渡される」。
20 すると、それまで立っていたサウルは、地に卒倒し、サムエルの言葉に大いに怯えた。また、彼はこの一昼夜何も食べていなかったので、力は尽きていた。21 女はサウルに近づき、サウルが卒倒したのを見て、言った。「仕え女はあなたの声に従いました。私の命に賭けて、あなたが言われた言葉に従ったのです。
22 今度は、仕え女の声に従ってください。ささやかな食事をあなたに差し上げますから、召し上がってください。お帰りになる力がつくでしょう」。23 サウルは食べようとしなかった。しかし家臣もその女も強く勧めたので、彼らの声に従い、地から身を起こして、椅子の上に座った。24 女の家には葉を嚙む子牛がいたので、彼女は急いでそれを屠り、小麦粉を取ってこね、種なしパンを焼いた。25 女がサウルと家臣にそれを差し出すと、彼らはそれを食べた。そして彼らはその夜のうちに立ち去った。

（七十人訳サム上28・3―25、堀江知己訳）

エン・ドルの口寄せ女（サムエル記上説教⑴）

1　ただ今読まれました聖書の箇所は非常に長いものです。したがって、要約する必要があるでしょう。それは四つの話（ペリコペー）からなっております。まず、カルメルのナバルに関する一連の話（サム上25章）が読まれました。次いで、ジフ人の地に身を隠したダビデはジフ人に密告され、彼を捕らえようとやってきたサウルは、その機会をとらえることができませんでしたが、ダビデはサウルと護衛の兵士たちが眠っている間に、サウルに近づき、サウルの枕もとから槍と水差しとを取って立ち去った後、サウルを護衛する任にありながら眠ってしまった兵士たちを叱責した話（サム上26章）が読まれました。これに続く第三の話は、ガドの王、マオクの子アキシュのもとに逃れたダビデが、多くの武功を立てた後、「あなたを私の護衛の長にしよう」と言われるまでの信頼を得たという話でした（サム上27・1―28・2）。これらに次いで読まれたのは、口寄せ女とサムエルに関する有名な話でした（サム上28・3―25）。ここで、口寄せ女はサムエルを呼び寄せ、サムエルはサウルに預言を語っているようです。

この四つの話はそれぞれさまざまな出来事を語っており、優秀な釈義家といえども一回では足りず、数回にわたって語らねばならないでしょう。ここでどれについてお話したらよいのか、司教様に四つのうちから一つを選んでいただきましょう。

――（司教の発言） 口寄せ女について吟味してもらおう――

2 聖書の物語には私たちの心に迫るものがないものと、私たちの希望にとって不可欠なものとがあります。ここで物語と言いますのは文字通りの意味にとってのことです。といいますのは、まだ霊的な意味についてお話する段階ではないからです。それは、霊的に理解し、解釈できる人、あるいはその解釈を聞き入れることのできるすべての人にとって有益なものだからです。ですから、文字通りの意味での物語には、すべての人に有益なものと、すべての人に有益ではないものとがあるのです。例えば、ロトと娘たちの物語（創19・30―38）がそうです。たとえ霊的に解釈するにしても、そこにどんな益があるのでしょうか。それは神がご存じのことでしょうし、このような物語を説明する力を授けられた人には分かることでしょう。ところが、いつも文字通りの意味が問題にされているのです。実際に、どんな益がロトと娘たちの物語から私にもたらされるのでしょう。同様に、ユダとタマルの物語、またタマルの身に生じたこと（創38・1―30）を文字通りに理解したからといって、私にどんな益がもたらされるのでしょうか。しかし、サウルと口寄せ女に関する物語には、私たち皆の心に迫ってくるものがあります。それは、文字通りの物語としても、そこに真理を読みとらねばならないということです。実際、信徒の誰かではなく、預言者サムエルを口寄せ女が呼び寄せることができるからといって、この世の生を終えた後、悪霊の権力の下にあることを欲する者がいるでしょうか。このサムエルについて、エレミヤを通して、神は言っておられます。「たとえモーセとサムエルが私の面前に立とうとも、彼らの言葉に耳を傾けることはない」（エレ

15・1―2）。また、彼について、預言者〔ダビデ〕も詩編の中で言っています。「主の祭司たちの中からモーセとアロンが、御名を呼ぶ者の中からサムエルが、主を呼ぶと、主は彼らに答えられた。主は雲の柱から彼らに語られた」（詩99・6―7）。また、他の所では、「たとえモーセとアロンが懇願しようとも」（エレ15・1〔異文〕）云々と言われています。だが、たとえこのような人物が地の下におり、口寄せ女がその人物を呼び寄せたとしても、悪霊が預言者の魂を支配する力を持っているというのでしょうか。何と言ったらよいのでしょう。そのようなことが〔聖書に〕書かれているのでしょうか。果たしてそのようなことが真実なのでしょうか。それとも真実ではないのでしょうか。真実ではないと言うことは、不信に駆り立てることになりますし、そのように言う人々の頭を痛めつけることになります。だが、真実であるとすれば、私たちは苦しい立場に置かれ、難問をつきつけられることになります。

3　私たちの兄弟のうちのある人々が、聖書の言葉に反抗して、次のように言っているのを知っています。「私は口寄せ女を信じない。口寄せ女はサムエルを見たと言っているが、嘘をついているのだ。サムエルが呼び寄せられたのではないし、サムエルが語っているのでもない。偽預言者は『主がこれを言われる』と言うが、主が語られたのではないのと同様に、この悪霊も、サウルの要求した人物を呼び寄せさせるにあたって、騙したのである。事実、『誰を呼び寄せましょうか』との問いに、『サムエルを呼び寄せてもらいたい』と言っているではないか」と。この物語は真実ではないと主張する人々は、このように言うのです。サムエルが陰府にいたのか。サムエルが口寄せ女によって呼び寄せられたのか。彼は預言者のなかでも特別な預言者であり、誕生の瞬間から神に捧げられた者（サム上1・11）であり、生まれる前から神殿の中で生活すると言われ、乳離れするやいなや、エフォドと二重ねのマントを身につけ、主の祭司となり（サム上1・22―23、2・18―19）、まだ全くの幼子であったときに主が呼びかけ、語られた（サム上3・4―14）と言われているではないか。そのサムエルが陰府にいたのか。エリが息子たちの犯した罪咎のために摂理によって断罪された後、エリの後を継いだサムエルが、地の下にいたというのか。彼の呼びかけに応えて、神は、小麦の刈り入れの時期に、天から雨を降らせた（サム上12・17―18）サムエルが、陰府にいたと言うのか。誰かのものを取り上げようとしたことがあったなら、云々とはっきりと言いきったサムエルが陰府にいたというのか。彼は、子牛を取り上げたこともなければ、雄牛を取り上げたこともなかった。貧困のうちにとどまりつつ、民を裁き、罪を罪と断定したのだ。彼は、そのような民から自分のために何かを取り上げようとしたことは決してなかった（サム上12・1―6）。そのサムエルが、何故に陰府にいたのか。サムエルが陰府にいたとすれば、どういうことになるか考えてみよ。サムエルが陰府にいたのは、アブラハムもイサクもヤコブも陰府にいたからではないのか。サムエルが陰府にいたのは、「たとえモーセとサムエルが私に懇願しようとも、私はこの民を顧みない」（エレ15・1）という言葉のとおり、サムエルと並び称せられるモーセも陰府にいたからではないのか。サムエルが陰府にいたのは、エレミヤも陰府にいたからではないのか。エレミヤについては次のように言われている。「私はあなたを母の胎内に造る前から、あなたを知っていた。母の胎から生まれる前に、私はあなたを聖別した」（エレ1・5）。イザヤも陰府におり、エレミヤも陰府におり、すべての預言者が陰府にいたことになる。

4　呼び寄せられたのが真にサムエルであったという難問に対峙しようとしない人はこのように言うでしょう。だが、聖書の言葉を聞くとき、そこで語られることが納得のいくものとして私たちの耳に入り、真に私たちを揺り動かし、私たちを鼓舞してこそ、理にかなうのは当然でありますから、この物語を真実のものとして受け入れない人が、聖書を真に理解しているのか、それとも、正当なる理由のもとに、書かれていることとは逆のことを言うべきか考察することにしましょう。

さて、どのように述べられているのでしょう。「女は尋ねた。『誰を呼び寄せましょうか』」（サム上28・11）とあります。「女は尋ねた」という言葉は誰の言葉でしょうか。聖霊の言葉です。聖書はこの方によって書き記されたと私たちは信じています。それとも、誰か別の人の言葉なのでしょうか。あらゆる類の談話に精通している人々がよく知っているように、常に語り手は著者なのです。この物語の著者は人間ではなく、人々に霊感を与える聖霊であると考えられます。

ですから、「女は尋ねた。『誰を呼び寄せましょうか』。『サムエルを呼び寄せてもらいたい』と彼は頼んだ」と語っているのは聖霊なのです。「その女は、サムエルを見ると、叫んで、大声で言った」（サム上28・12）と語るのは誰でしょう。私たちの耳に自分たちの主張をたたき込み、サムエルは陰府にいなかったと言い募る人に答えましょう。「その女は、サムエルを見ると、叫んで、大声でサウルに言った。『なぜ私を欺いたのですか。あなたはサウルさまではありませんか』。王は言った。『恐れることはない。それより、何を見たのだ』。女はサウルに言った。『神々が地から上って来るのが見えます』。サウルはその女に言った。『どんな姿だ』。女は言った。『老人が上って来ます。二重ねのマントをまとっています』」（サム上28・12―14）と語るのは著者の声なのです。聖書は、その女は祭司の衣服を見たと述べているのです。反対の説を唱える人が、次のように言っていることを私は知っています。「それは別に驚くべきことではない。なぜなら、サタンでさえ光の天使を装うのだから。だから、サタンに仕える者たちが、義に仕える者を装うことなど、大したことではない」（二コリ11・14—15）。だが、その女が見たのは何なのでしょう。サムエルです。「サムエルのふりをした悪霊を、その女は見た」と言われていないのはどうしてでしょう。

むしろ逆に、「サウルにはそれがサムエルだと分かった」（サム上28・14）と書き記されているのです。もしサムエルでなかったなら、「サウルはサムエルだと思った」と書き記さなければならなかったはずです。ところが、「サウルには分かった」と書き記されているのです。何人も存在しないものを分かることはないのです。

さて、「サウルにはそれがサムエルだと分かったので、顔を地に伏せ、礼をした」（サム上28・14）。再び、聖書の著者が語っています。「サムエルはサウルに言った。『なぜ私を呼び寄せ、私を煩わすのか』」（サム上28・15）。「サムエルは言った」と聖書が言うのです。これにサウルは答えます。「困り果てているのです。異邦人が戦いを仕掛けているのに、神は私を離れ去り、もはや預言者によっても、夢によってもお答えになりません。あなたをお呼びしたのは、なすべきことを教えていただくためです」（サム上28・15）。ここでまた、聖書は別の語り方をせず、「サムエル」その人が答えたとして続けます。「なぜ私に尋ねるのだ。主があなたを離れ去ったのだ」（サム上28・16）。このようなことは真実を語っているのでしょうか、それとも偽りを語っているのでしょうか。

「主があなたを離れ去り、敵となられたのだ。主は、私を通して告げられたように、別の人を選ばれた。あなたの手から王国を取り上げられるだろう」（サム上28・16―17）。さて、悪霊がイスラエルの王国について預言するでしょうか。どのような反論が提示されるのでしょうか。神のみ言葉にはどれほど難解な点が潜んでいるか、とくと考えてみてください。それらは、私たちがこの世を去ることに関するような、聖にして、高貴で、言語を絶する教えを聞く能力のある聞き手を求めているのです。一つの難問がさらなる難問を生じさせ、それもまた明らかではないからです。だが、ここで語られていることを子細に吟味するのを止めるわけにはいきません。

5　この世を去った後、私たちがどうなるのか理解するためには、文字通りの意味を理解することが必要であるというのが私の考えです。「主は私を通して語られた。主はあなたの手から王国を取り上げ、あなたの隣人、ダビデにお与えになるだろう」（サム上28・17）。悪霊は、ダビデが主によって聖別された王であるとは知りえなかったのです。「あなたは主の声を聞かず、アマレク人に対する主の憤りの業を遂行しなかった」（サム上28・18）。これらは神のみ言葉ではないのでしょうか。真実ではないのでしょうか。サウルが主のみ旨を行わず、「アマレク人の王を〔殺さずに〕生かしておいた」（サム上15・8）ことは事実です。このためサムエルは、生前（サム上15・16―19）、そして死を前にしたサウルを叱責したのです。

「それゆえ、主はこの日、あなたに対してこのように語られ、イスラエルをも異邦人の手に渡される」（サム上28・18―19）。神の民全体に関して、主はイスラエルを〔敵の手に〕渡されるであろう、と預言することが悪霊にできるでしょうか。

「確かに、主はイスラエルの軍隊を異邦人の手に渡されるであろう。サウルよ、急ぐがよい。明日、あなたとあなたの子らは、私と共にいるであろう」(サム上28・19)。さて、ダビデが預言者の油によって王として注油されたこと、明日、サウルはこの世の生を終え、子らも彼と共にこの世の生を終えること、つまり、「明日、あなたとあなたの子らは、私と共にいるであろう」ことを、悪霊が知りうるでしょうか。

6 ここに述べられたことはすべて偽りではなく、呼び寄せられたのがサムエルであったことは全く明らかなことです。では、ここで口寄せ女は何をなすのでしょう。義人の魂を呼び寄せるために、口寄せ女は何をなすのでしょう。これこそ、例の主張を唱える人が避けるものです。実に、彼の主張から生ずる、もっと大きな難問を抱え込むような事態にならないためにも、これに答えねばなりません。例の人は言うのです、「それはサムエルではない。悪霊が欺いているのだ。聖書が偽りを語ることはありえないから」。だが、これは聖書の言葉なのです。「女は見た」とか、サムエルが語ったことを「サムエルが言った」と語るのは悪霊ではなく、聖書そのものなのです。

では、ここでの口寄せ女の役割について、満足できる解決を見いだすにはどうしたらよいのでしょう。「サムエルが陰府にいるというのか」云々と問う例の人に尋ね、私の問いに答えてもらおう。どちらが偉大なのか、サムエルか、それともイエス・キリストか。どちらが偉大なのか、預言者たちか、それともイエス・キリストか。どちらが偉大なのか、アブラハムか、それともイエス・キリストか。ここで、預言者たちによって予め告げられたのが主イエス・キリストであると知るに至った人は誰しも、キリストは預言者たちよりも偉大ではないと、敢えて主張することはないでしょう。では、イエス・キリストのほうが偉大であると告白したなら、キリストは陰府におられたのか否か、答えてもらおう。使徒言行録（2・27）で使徒たちが、主の陰府への降下に言及するものとしている詩編の言葉は真実ではないのでしょうか。詩編の第15編で語られたことは、主に関することであると述べられているのです。こう言われています、「あなたは私の魂を陰府に捨て置かれることなく、あなたの聖者を腐敗にまみれさせることはありません」（詩16・10）。イエス・キリストが陰府におられたのにもかかわらず、そこに降られたのは、そこでも預言するためであり、他の魂たちのもとに赴かれるためであったと言うのを恐れるのですか。

キリストが陰府に降られたと答えたなら、次に尋ねましょう。キリストが陰府に降られたのは何をなさるためでしょうか。死を屈服させるためでしょうか、それとも死に屈服させられるためでしょうか。キリストがそのような場所に降って行かれたのは、そこにいる者らの僕としてではなく、戦う者らの主君としてです。それは、詩編の第21編の次の言葉を説明して、つい最近、述べたとおりです。その詩編にはこうあります、「多くの雄牛が私を取り巻き、太った猛牛が私を囲む。かき裂き、ほえたける獅子のように、私に向かって口を開く。私の骨はことごとくはずれた」（詩22・13―15）。聖書の言葉を覚えておられれば、この言葉も覚えておられるでしょう。詩編第21編について私が語ったことを私はよく覚えています。

ですから、救い主は救いのために降られたのです。預言者たちによって予め告げられた後、そこに降られたのではないでしょうか。ここ〔地上〕で預言者たちによって予め告げられた方が、他の所へは、預言者たちによって予め告げられることなしに降られたのでしょうか。モーセもまた、人々のもとに救い主が来られることを告げたのです（申18・15）。ですからこそまさしく、私たちの主・救い主は次のように言われるのです。「あなたたちは、モーセを信じたのであれば、私をも信じたはずだ。モーセは私について書いているからである。しかし、モーセの書いたことを信じないのであれば、どうして私が語ることを信じることができようか」（ヨハ５・46―47）。キリストはこの世で生きるために来られましたが、キリストがこの世で生きるために来られることは予め告げられていたのです。さて、モーセが、この世へのキリストの到来を預言しているとすれば、キリストが来られることを預言するために、モーセが陰府に降ったことを認めようとしないのでしょうか。では、どうなるのでしょう。モーセは認めるが、彼に続く預言者たちは違うと言うのですか。サムエルは違うと言うのですか。医者たちが病人たちのもとに降っていくことが異常なことでしょうか。医者の頭《かしら》が病人たちのもとに降っていくことが異常なことでしょうか。預言者たちは「多くの医者」（マル５・26）であり、私の主・救い主は医者の頭なのです。他の者たちには癒すことのできない、内なる情欲をこの医者の頭が癒してくれます。医者たちの「誰からも癒してもらえない」（ルカ８・43）女を、イエス・キリストは癒されます。「恐れてはなりません」（マル５・36）、驚いてはなりません。イエスは陰府に赴かれました。イエスに先立って、預言者たちは陰府に赴き、キリストの到来を予め告げたのです。

7 さらに、この聖書の言葉そのものから導き出されるもう一つの点についてお話ししたいと思います。サムエルが上ってきます。さて、女は自分の見たサムエルに何と言うのでしょう。一人の人を見たとは言いません。彼女は、自分の見たものに怯えています。何を見たのでしょうか。彼女は言います、「神々を見ました。地から上って来る神々を」（サム上28・13）。おそらく、サムエルは、サウルに預言するために、ただ一人で上って来たのではないのでしょう。「無垢な者と共に無垢な者となり、清い者と共に清い者となり、選ばれた者と共に選ばれた者となる」（詩18・26―27）とあるように、この世にあって聖なる者らと共に生きる人々が聖なる者であり、罪人と共に生きる人々は聖なる者ではありません。聖なる者たちが罪人と共に生きるとしても、それは彼らを救うためです。そのように、おそらく、上って来るサムエルと共に、他の聖なる預言者たちの魂も上って来たのでしょう。おそらく、「私の内で語っている天使」（ゼカ1・9）と預言者は言っているので、彼らの霊を託された天使たちではなかったのか、霊たちに伴って天使たちが共に上って来たのではないか、とあなたは問われるかもしれません。〔陰府を含めて〕全地が救いを必要とする者たちで溢れており、天使たちは皆、「奉仕する霊であって、救いを受け継ぐことになっている人々に仕えるために遣わされている」（ヘブ1・14）のです。

どうして、あらゆる場所がイエス・キリストを必要としていると主張するのを恐れるのですか。キリストを必要とする人は、預言者たちをも必要としているのです。実に、キリストを必要としなければ、キリストの到来と臨在を準備する預言者たちを必要としないのです。洗礼者ヨハネもそうです。私たちの救い主の証言によれば、女から生まれた者の中で彼よりも偉大な人は一人もおりません。救い主は言われます、「およそ女から生まれた者のうち、洗礼者ヨハネより偉大な者はいない」（ルカ7・28）と。さらに、ヨハネは、陰府に救い主が来られることを予め告げるために、私の救い主の伝令として陰府に降ったと、恐れることなく言っています。このため、牢にあり、最期が近いと知った時、彼は二人の弟子を送り、尋ねさせていますが、「来るべき方は、あなたでしょうか」とは言わせてはいません。そのことは知っていたのです。「来るべき方は、あなたでしょうか。それとも、ほかの方を待たなければなりませんか」と言わせているのです（ルカ7・19）。彼は主の栄光を見ていたのです。彼は主の素晴らしい点についてたくさん語っています。主について証しをして言っています、「私の後から来られる方は、私より優れている。私より先におられたからである」と（ヨハ1・15）。彼は主の栄光を見たのです。その栄光は「父の独り子としての栄光であって、恵みと真理とに満ちていました」（ヨハ1・14）。キリストのこれほどの素晴らしさを見て、彼はためらわず信じました。疑いもありましたが、「あなたがキリストですか」と尋ねさせはしませんでした。

だが、ある人々は、この言葉の意味を理解せずに、「ヨハネは偉大な人かもしれない。しかし、彼はキリストを知らなかったのだ。聖霊が彼から去っていたからである」と言うのです。しかしながら、マリアが訪れた折に、その誕生に先立って証しをし、喜び踊った方をヨハネは知っていました。それは、次のように言って、彼の母が証ししているとおりです。「あなたの挨拶のお声を私が耳にしたとき、胎内の子は喜んで踊りました」（ルカ1・44）。ですから、誕生前に喜び踊ったヨハネ、「『私の後から来られる方は、私よりも先におられた』と私が言ったのは、この方のことである」（ヨハ1・15）と言い、「私をお遣わしになった方が、『霊が降って、ある者にとどまるのを見たら、それが神の子である』と私に言われた」（ヨハ1・33）と言ったヨハネが、それでもイエス・キリストを知らなかったと言うのですか。母の胎内にあったときから、すでに知っていたのです。キリストのいとも優れた栄光のゆえに、ペトロと似たようなことをしたのです。似たようなこととは何でしょう。ペトロはキリストの素晴らしい点を知っていました。「私は何者か」と問われた時のことです。「人々は私を何者だと言っているか」との問いに、「ある人はこう、ある人はこう」と答えますと、「あなたはどう言うのか」と問われ、「あなたはキリスト、生ける神の子です」と答えました。そして、このために幸いであると言われました。彼にそれを現したのは、血肉ではなく、「天におられる父」だったからです（マタ16・13―17）。したがって、彼はキリストについて重大なことを聞き、重大なことを託されていましたが、自分に語られた神のみ言葉を受け入れることはできませんでした。「今、私たちはエルサレムへ上って行く。すべてはそこで成就される」（ルカ18・31）、「人の子は必ず多くの苦しみを受け、祭司長、長老たちから排斥されて殺され、三日目に復活することになっている」（ルカ9・22）と言われたとき、ペトロは「主よ、とんでもないことです」と答えたのです（マタ16・22）。彼はキリストについて重大なことを知っていましたので、キリストについて卑賤なことは受け入れたくなかったのです。洗礼者ヨハネにも似たようなことが起きたことを分かってください。彼は牢にありましたが、キリストについて重大なことを知っていました。天が開かれるのを見ました。聖霊が天から降って来て、救い主の上にとどまるのを見ました。これほど大いなる栄光を見たのですが、疑っていました。おそらく、これほどの栄光に輝くお方が、陰府と深い淵にまで降らねばならないことが信じられなかったのでしょう。そのため、「来るべき方は、あなたでしょうか。それとも、ほかの方を待たなければなりませんか」と尋ねさせたのです。

8　私は話を横道にそらせたわけでも、目下の話題を忘れたわけでもありません。次の点を明らかにしたかったのです。つまり、預言者たちが皆、キリストの先駆者として、キリストに先だって陰府に降ったとすれば、当然、サムエルも陰府に降ったのです。単に降っただけでなく、聖なる者として降ったのです。どこにいようと聖なる者は聖なる者だからです。ひとたび陰府におられたのですから、もはやキリストはキリストではなかったのでしょうか。「天上のもの、地上のもの、地下のものがすべて、イエス・キリストの御名にひざまずく」（フィリ

2・10）ために、地の下の場所に赴かれたのですから、もはや神の子ではなかったのでしょうか。地の下におられた時もまた、キリストであられました。いわば、地の下におられましたが、志の点では上におられたのです。同様に、サムエルも預言者たちも、たとえ地の下の魂たちがいる所におり、場所的にはそのような場にありえたにしても、志の点で地の下にいたのではないのです。

お尋ねしたいのですが、預言者たちは天上のことを預言したのではないでしょうか。サウルに関すること、神の民に関することを預言する権能、将来ダビデが支配することになるという王国に関することを預言する権能を悪霊が持っていたと私は認めることはできません。この点に関する真実を悪霊は知りうると主張する人々も、病人たちに健康を回復させるために、聖なる方が病人たちのいる所に行かれる理由を説明することはできないのです。医者たちは、傷ついた兵士たちのいる所へ行かなければなりませんし、彼らの傷の放つ悪臭のこもった場所に入っていかなければならないのです。これは、医者の人々に対する愛のなさしめるわざです。同様に、地の下に赴くよう、陰府に降るよう、み言葉は救い主と預言者たちを鼓舞したのです。

9 また、次の点も考察しなければならないでしょう。もし、サムエルが預言者であり、彼が死んだ時に、聖霊は彼を離れ、そのため預言する能力は彼から去ったとすれば、「私たちの知識は一部分、預言も一部分である。完全なものが来たときには、部分的なものは廃れる」（一コリ13・9―10）という使徒パウロの言葉は真実ではないのでしょうか。すると、完全なものが来るのは生命の後ということになります。イザヤは全く自由に預言しましたが、それは一部分にすぎませんでした。ところが、ここではダビデにおいて預言は完全なものとなるという証言が提示されているのです。ですから、サムエルは預言の賜物を失ったのではありません。そして、彼はそれを失ったのではありませんでしたので、いわば「私の霊は祈っているのですが、私の理性は実を結びません」（一コリ14・14）と言うかのように、異言を語る人のようにそれにあたったのでしょうか。確かに、異言を語る人が教会を造り上げることはありません。しかし、パウロは預言する人は教会を造り上げると言い切っています。彼は言います、「預言する者は教会を造り上げます」と（一コリ14・4）。ですから、預言を語る人は教会を造り上げるとすれば、またサムエルは預言の賜物を持っていたとすれば、――実際に、彼は罪を犯しませんでしたので、それを失うことはありませんでした。といいますのは、預言をした後、何かしら聖霊にふさわしくない行為をなした人だけが預言の賜物を失うからです。このため、ダビデも罪を犯した後、恐れ、「あなたの聖なる霊を私から取り上げないでください」（詩51・13）と言ったのです――、ですから、聖霊が預言をするのであり、サムエルは預言者であったとすれば、また預言を語る人は教会を造り上げるとすれば、サムエルは何を造り上げるのでしょうか。その預言は天を目指していたのではないでしょうか。誰のためでしょう。天使のためでしょうか。天使たちには必要ありません。「医者を必要とするのは、丈夫な人ではなく、病人である」（マタ9・12）からです。その預言を必要としていた人がいたのです。預言の賜物が実を結ばないことはありえないからです。ですから、敢えて言えば、死者の魂が預言の賜物を必要としていたのです。この地上にあってイスラエルの民は預言者を必要としていましたが、死んだイスラエルの民も、この世の生から去ったとはいえ、預言者たちを必要としていたのです。預言者たちが新たにキリストの到来を、その民に告げ知らせるためです。

そのうえ、私の主イエス・キリストが到来される前には、生命の樹に至ることはできませんでしたし、生命の樹に至る道を守るために据えられた監視をくぐり抜けることはできませんでした。「〔主なる神は〕生命の樹に至る道を守るために、ケルビムと燃える炎の剣を置かれた」（創3・24）のです。いったい誰が通り抜けられたでしょう。いったい誰が、燃える炎の剣をくぐり抜けられたでしょう。神によらなければ、火の柱（出13・22、14・24）によらなければ、神から発せられた光の柱によらなければ、誰一人として海を渡ることはできなかったように、また真のイエスの前表であったイエス（ヨシュア）によらなければ、誰一人としてヨルダン川を渡ることはできなかったように（ヨシュ3・11―17）、炎の剣をくぐり抜けて進むことはサムエルにはできませんでしたし、アブラハムにもできませんでした。ですからこそ、〔陰府にあって〕罰せられていた例の人によってアブラハムは目撃され、その「金持ちは責め苦のうちにあって、目を上げアブラハムを見た」（ルカ16・24）のです。彼は「はるかかなたに」アブラハムを見たのですが、彼は〔アブラハムだけでなく〕「アブラハムのそばにいたラザロ」をも見たのです。族長たち、預言者たち、そしてすべての人が私の主イエス・キリストが到来されるのを待っていたのです。この方こそが彼らに道を拓いてくださるからです。主は言われます、「私は道である」（ヨハ14・6）、「私は門である」（ヨハ10・9）と。私の主こそ、生命の樹に至る道なのです。こうして、「たとえ火の中を歩いても、炎はあなたに燃えつかない」（イザ43・2）という言葉が成就するのです。どのような炎でしょう。「〔主なる神は〕生命の樹を守るためにケルビムと、燃える炎の剣を置かれた」〔と言われている炎です〕。ですから、このために祝された人々は救いの営みが実現するのを〔陰府で〕待っていたのです。彼らは生命の樹のある所、神の楽園のある所、神に祝された者ら、神に選ばれた者ら、神の聖なる者らがいる所に達することはできなかったからです。

10　ですから、〔聖書の〕この箇所に躓きとなるようなものはないのです。すべてが驚嘆すべきほどしっかりと書かれており、「神が明らかに示してくださった」（一コリ2・10）人々によって解明されているのです。「世の終わり」の時にある私たちは、それ以上の状態にあります。それ以上の状態とは何でしょう。この地上での生を去る時、徳によって完成の域に達した者となっており、罪の重荷に押しつぶされていなければ、私たちもまた「燃える炎の剣」をくぐり抜けますが、キリストが到来される前に眠りについた人々が待っている場所に降って行くのではありません。燃える剣による損傷を何ら受けることなく、私たちはくぐり抜けるのです。「火がおのおのの仕事がどのようなものであるかを吟味するのです。燃え尽きてしまえば、損害を受けます。火の中をくぐり抜けて来た者として、救われるのです」（一コリ3・13、15）。ですから、私たちはくぐり抜けるのです。私たちは彼ら以上の状態にあるのです。もし私たちが善い人生を送ったのであれば、悪い道を進むことはありえません。実際のところ、族長たちといえども、預言者たちといえども、昔の人々は、今、私たちが言えることを言うことができなかったのです。「この世を去って、キリストと共にいる方がはるかに望ましい」（フィリ1・23）と。ですから、私たちは彼ら以上の状態にあり、世の終わりの時に〔この世に〕到来したという大きな報いを受けているのです。まさに、私たちは最初に一デナリオンを受け取る者なのです。例のたとえ話に耳を傾けましょう。「最後に来た者から始めて」一デナリオンを払った。最初に来た者は「もっと多くもらえるだろうと思っていた」〔というたとえ話です〕（マタ20・1―16）。ですから、最後に来たあなたは、家の主人から最初に報酬を受ける者なのです、私たちの主イエス・キリストのうちにあって。栄光と力が代々限りなく〔私たちの主イエス・キリストに〕ありますように。アーメン。

サムエル記上に関する著作の断片

堀江知己訳

断片一　サムエル記上3章11―12節

神の書は、エリの息子たちの滅びについて、また、神の箱が異邦人に奪われてしまうことについて（サム上4・11）、予め告げ知らせようとなさいました。それは、神は残酷なお方であるなどと、誰一人考えることのないためです。こうして、神の書が伝えることには――私がすでに言いましたように――、エリの息子たちの悪と罪は、〔神の書から〕警告を受けても、また、彼らに対する予告によっても、弱まることはありませんでした。むしろ増大したのです。

断片二　サムエル記上4章13節

エリ自身は敬虔な人でした。実際、彼は、息子たちの安否を真っ先に心配していたのではありません。むしろ、彼は、神の箱が異邦の民の手に渡らないようにと、神の箱を気遣っていたのです（サム上4・13）。しかし今や、そのことが起こりました（サム上5・1）。

断片三　サムエル記上5章3節

異邦の民は知らねばなりません。つまり、神〔の御力〕は、イスラエルの民のせいで弱まってしまったのではなく、また、異邦の民の力によって、神が敗北されたのでもありません。むしろ、ユダヤ人の罪と悪徳とが、敗北を招いたのです。ダゴンは御箱の前に倒れていました（サム上5・3）。それは、ダゴンが御箱を礼拝するためではなく——ダゴンにとって、それは相応しくありません——、むしろ、粉々に打ち砕かれるためです。まさに今、そのことが起こりました（サム上5・4）。

断片四　サムエル記上15章9―11節

私たちにとって、手や足、目や耳などは、体の部分におけるそれぞれの名称として位置づけられますが、神におかれましては違います。神の御手はご自身の創造の御業を指し示し、神の御目はご自身が見張られることを指し示し、神の御耳はご自身が聞き届けられることを指し示し、神の御足はお出でになって御業を成し遂げられることを指し示します(1)。よって、「神の怒り」と言われているにせよ、それは、罪を犯す者たちに対する懲らしめを意味するのであって、神の情感(2)を意味するのではありません。また、「神の後悔(3)」とは、神のご計画があることからあることへと変わって行くことを意味します。私たちが後悔している時、私たちは何をしていることになるでしょうか？　すなわち、その時私たちは、自らが悔いているものから離れ、そして、別のより良きものを追い求めているわけです。こういったことが、「神の後悔」と呼ばれるものなのです。そして、このように呼ばれるにしても、それは、神について理解力が鈍くなっている人たちに理解させるために、預言者たちが、より肉的な仕方で語らざるを得なかったからなのです。自分たちが彫ったり鋳造したりして作成した像を神々とみなし、さらには、非理性的な生き物を神々とみなしたりする人たちであったならば、霊的な考えや言葉をもって示される神の事柄について、どうして理解できたでしょうか？

さらに、神はすべてのことを知っておられます。よって、神はご自身が知っておられることについて、怒りを覚えられることはなく、後悔を覚えられることもありません。神の怒りや神の後悔といったものは、神の情感ではありません。むしろ、神の怒りとは、人々が御怒りを受けた時の出来事や罰のことです。同じく、神が悔いると言われていますが、それは、〔人々に対して〕前もって定められていたことが取り消され、それとは別のご計画に変わることを意味します。また、「神の怒り」や「神の後悔」といった言い方〔つまり、字義通りに解釈してはならない仕方〕で、剣についても言われています。「剣よ、汝を研ぎ、虐殺せよ！」（エゼ21・9以下）。さらに、「鉄の手」――平和に関する言葉の中に、「鉄の手から逃れるために」（ヨブ5・20―24）とあります――や、「剣の手」――ダビデが、「剣の手に渡され」（詩63・11）と言っているように――といったような言い方もなされています。さらにまた、「神の御怒りが燃える」（詩74・1）とも言われています。ダビデによれば、罪はある顔[4]を持っており、神の御怒りもある顔を持っています。これは、詩編の第三七編（詩38・4）で言われているとおりです。また、「川という川は手を打ち鳴らす」（詩98・8）とも言われています。しかし本来、どんな川にも手は存在しないはずですし、罪にも顔があるわけではありません。ですから私たちは、神が肉体を持っておられるかのように言われている言葉をもとに――滅びゆく人たちはそう考えてしまいますが――、神は肉体をお持ちであると思うことのないようにしましょう。あるいは、神は情感によって捕らわれているなどと思うことのないようにいたしましょう。

人間の思いは移り変わるものですが、そういった移り変わり〔の性質〕を、神に適合させることはできません。私たちこそが、私たちのために良かれと思って設けられた神のご計画を曲げてしまうのです。私たちは自らの行いを通して、神から授けられた誉れに相応しくない者であることを証ししてしまいます。こうして、神はサウルを断罪され、ダビデとその子孫に支配権を委ねることを望まれました。それは、肉によればダビデからお生まれになり（ロマ1・3）、そして全被造物の王であるお方のための御国を、彼らに守らせるためです。神は人〔である預言者〕の言葉を通して、人に向かって語られ、そして言われました。――「私はサウルを王に立てたことを悔やむ」（サム上15・11）。これを言い換えますと、神は次のように言われたのです。「私は御国の支配を他の者に委ねることにする。サウルに対しては、その座から下ろさせる」。「私はサウルについて悔やむ」といった言葉は、すなわち次のような意味です。「サウルは自分から王に相応しくない者となってしまった。それはあたかも、私が本性を変える者として、彼に対する考えを変更したかのようである〔が、変わったのは彼自身なのであって、私ではない〕。一体、彼はなぜ王に立てられたのか？当時の彼は王に相応しい者であったからだ。しかし、彼は変わってしまった。彼は今や、再び王に相応しくない者となってしまった」。

断片五　サムエル記上15章11節

今や私が先に述べたことが明らかとなります。すなわち、神の後悔とは、神のご計画があることからあることへと変わって行くことを意味します。

ここの言葉(1)が指し示すこととして、たとえ預言者であれ、あるいは、人のために執り成すことができる義人であれ、自らの行いをもって悔い改めを示さぬ限り、〔神に〕聞き届けられることはありません。祈るにせよ、罪を犯した自分を捨て去り、悔い改めの行いを示すことによってはじめて、正しき人の祈りとなり、そしてその祈りが力を発揮できるのです。義なる者としての祈りと、そして、悔い改めた者としての行いとが、同時に重ならなくてはなりません。そうしてはじめて、事は実を結ぶのです。

断片六　サムエル記上16章12節

エサウは、「赤くて、毛の衣のようであった」（創25・25）。そのエサウは、彼の罪に起因する死を身にまとい、ヤコブに対して妬みを抱きました。一方、ダビデは、「赤く[1]、目は美しく」（サム上16・12）とあるように、その見た目の良さが際立ちます。

断片七　サムエル記上16章18節

言葉に賢く、また戦士でもある人が（サム上16・18）[1]、羊を飼っている者（サム上16・11）であるとは、一体どういうことなのでしょうか？〔ダビデについて〕このように言った人は、自分の思いからそう言ったのではありません。むしろその人は、ダビデの身に将来起こるべきことを、まるで今そうであるかのように預言したのです。そしてその人は、ダビデがやがて、自分が言ったとおりの者になるであろうことを証言しています。ただし、「主が彼と共におられます」といったことと、「容姿に優れ」といったこととは別です。つまり、この二つのことに関しては、ダビデがその幼少時代から所有していたものです。これら二つのものは、ダビデに生まれつき備えられていたものであり、そしてまた、それらは恵みによるものでした。

断片八　サムエル記上19章22―24節

サウルには大勢の人――彼らは悪い仕方でサウルに仕えていました。つまり、彼らはダビデを狙っていたのです――を従わせる権力がありました。一方で、サムエルとダビデは〔他に仲間もいなく〕二人だけであり、彼らから追われていました。そのため、神は恵みをもって、サウルに待ち受けていたことについて、そして、ダビデの将来に関することについて、サウルを通して預言されました。さらに神は、サウルを裸のまま投げ出されました（サム上19・24）。サウルの裸は、やがてサウル王国が裸にされることを予め告げ知らせていました。

断片九　サムエル記上21章5節

ここでは「普通のパン」[1]（サム上21・5）と呼ばれていますが、それは、汚れたパンのことではなく、聖別されていないパン、つまり、台の上に置かれる聖別されたパン（レビ24・6）とは異なるパンのことです。台の上には、イスラエル十二部族のために、常に絶やさず交換されるパン六個が置かれていました（レビ24・8）。それらの六個のパンは、「供えのパン」[2]（出25・30）と呼ばれ、それぞれのパンは、それぞれ二つの部族のために割り当てられたものであり、従って、六個のパンは十二部族のためのものでした。[3]一体、これらの事柄から、何か良きことが表されていたのでしょうか？　すなわち、イスラエルの部族が一つにまとめられる、といったことが表されていました。しかし、これよりもさらに良きことが、前もって表されていたのです。すなわち、幸いなる使徒たちは、主によって二人ずつ送り出されました（ルカ10・1、マル6・7）。こうして、〔二人ずつで〕六〔組〕まずイスラエルの部族に対して宣べ伝えさせるためにです（マタ10・6以下）。こうして、といった数は、ちょうど十二人の弟子たちの数となるのです。

民衆のためのパン(4)と言われるにせよ、それは、「聖なるものではなく、〔それ自体〕汚れたパンである」といった意味でのパンではなく、むしろ、聖なるパンとの比較の上でそう呼ばれているのです。

断片十　サムエル記上21章6―7節

「今日、彼〔ら〕は〔私の〕装備のために清められるでしょう」（サム上21・6）[1]といったように、ダビデはかなりはっきりとしない言葉を用いましたが、これは次のようなことを意味しています。「私の部下たちは、『これまで女を遠ざけています』（サム上21・6）――だから、私も部下たちも、清められていることになります――ので、清められています」。しかし、ダビデ一人に関しては、かりに女を遠ざけている状態でなくとも、常に供えのパン（サム上21・7）を食べることができる清い状態にありました。祭司はダビデが言ったことを信用し、ダビデにパンの一部を与えました。そのパンは、祭司たちの他には食べてはならないものでした。以上の事柄は、出来事を介しての預言であります。すなわち〔この度の出来事から何が預言されているかと言いますと〕、「ユダ族といった王の部族と、そして祭司の部族――それをレビ族と申し上げますが――とはもはや分かたれない。〔なぜなら〕ダビデの子孫であり、また、祭司かつ王であられ、メルキゼデクに連なる（ヘブ5・6）我らの救い主がご到来なさる際に、祭司の威厳と王のそれとは一緒に合わさって一つとなる〔から〕」といったことが表されています。

断片十一　サムエル記上21章8節

「ネエツァル」(1)という語が意味しますのは〔次の二つの内どちらかです。すなわち〕、「エドム人ドエグ」は罪のために主の前に留め置かれていた――罪を告白して癒されるために――、といった意味なのか、あるいは、彼がサウルのように悪霊に仕えていた（サム上19・9）ため、〔サウルに信頼されて〕サウルの家畜(2)を飼っていた、といった意味です。

断片十二　サムエル記上21章8節

サウルは悪霊の予型です（サム上19・9）。イスラエル（の民）が「私たちに王はいません」と言った時、サウルはイスラエルの王となりました。彼らはサウルに対し、自分たちの王となってくれるように求めたのです。こうして、古き民も、自分たちの王であられる主を退けました（サム上8・7）。

断片十三　サムエル記上25章22節

暇をもてあそぶ者でない限り、立って放尿する者、しかも「壁に放尿する者[1]」（サム上25・22）などいないでしょう。この言葉が意味することとして、ナバルは己の身に災いが降りかかることを予期しておらず、心配もしていませんでした。

断片十四　サムエル記上28章11―12節

口寄せの女がサムエルを呼び寄せたとは考えられません。また、上って来て真理を告げた人はサムエルではありえません。[1] だとすれば、この人は一体誰であり、そして、どんな力によって上って来たというのでしょうか？

注

◉オリゲネス『サムエル記上説教』

〈説教一〉

（1）厳密には、「王国史の第一書に関するオリゲネスの説教」（ラテン語で記すと、*Origenis homilia in librum Regnorum I*）と呼ぶことができる。七十人訳における「王国史」は、ヘブライ語聖書のサムエル記上下、及び、列王記上下に該当する。七十人訳では、サムエル記上をΒασιλειων A、サムエル記下を同B、列王記上を同Γ、列王記下を同Δと記す。よって、「王国史の第一書」とは、サムエル記上に該当する。

（2）このテキストは詩編ではなく出エジプト記。オリゲネスは記憶によってその都度聖書を引用しているため、時たま誤解が生じている。

（3）plantatio. 厳密には「植えられた植物」の意。

（4）... in papa habetis Alexandro. エルサレムの司教アレクサンドロスのことかと思われる。解説を参照のこと。

（5）同じ畑にあるとしても、同じ木ではないということ。

（6）幸いなる者は現在形、災いなる者は未来完了形で記されている。

（7）恐らく、キリスト教会における学者のこと。とりわけ、旧約聖書を広範囲にわたって研究したローマのヒッポリュトスを指しているのかもしれない（Fürst, S.120）。オリゲネスは二一二年頃ローマを訪れ、実際に彼の説教を聞いたとされているが、その真偽は定かではない。

（8）現代の聖書学において、詩編に見られる表題、ないし副題は、後の時代の付加によるものと考えられている。また厳密には、「コラの子の詩」といった表題の詩編においても、嘆きなどの文章は見られる（例：詩44、49編、他）。

（9）関川泰寛監修、拙訳『オリゲネス　イザヤ書説教』（日本キリスト教団出版局、二〇一八年）三・1を参照（四二頁）。

（10）直訳は「父の（patris）」。

（11）注（1）を参照。

（12）a diebus in dies. 独訳と仏訳に従った。

（13）オリゲネスが用いた七十人訳テキストには、マソラテキストに見られる、「彼〔エルカナ〕がハンナを愛していたから」（サム上1・5）といった記述がない。

（14）礼拝への参加が許された洗礼志願者のことか。しばしばオリゲネスの説教には、洗礼志願者や、あるいは、最近受洗したばかりの人たちに対する言及が見られる。

（15）現代の聖書学において、この言葉はパウロ自身の見解によるものではなく、むしろ、コリント教会から寄せられた意見の一部として考えられている。

（16）文字通りでは「古い契約」。

（17）以下は、Fürst, S.126–127を参照。

現行の七十人訳では、冠詞をつけずに「ἄνθρωπος」とある。一方、ヘブライ語では、「איש אחד」（一人の男）。ヘブライ語聖書を逐語的に訳したアキュラ訳は、「ἄνθρωπος εἷς」であったとされる。

七十人訳の「ἄνθρωπος」であるが、不定冠詞を持たないギリシア語では、それを「或る人」とも訳すことができる。一方、ヘブライ語の「אחד」は、「或る」といった不定冠詞の意味も持つので、実際には七十人訳は間違いではない。しかし、ヘブライ語「אחד」を、数詞の意味で「ἄνθρωπος εἷς」と直訳する場合には問題が生じる。つまり、「εἷς」は「或る（一人の）人」という意味を本来持たないため、「（特定の）一人の人」、あるいは、「唯一の人」といった意味に変化してしまう。

ちなみに、ヘブライ語の数詞「אחד」が不定冠詞の意味を持つことの影響を受けて、七十人訳においても、「εἷς」が不定冠詞の意味として用いられている箇所が存在するが、これは本来的な使用ではない（例：七十人訳、創42・27、他）。参：F. C. Conybeare and St. George Stock, *Grammar of Septuagint Greek-With Selected Reading, Vocabularies, and Updated Indexes*, Boston, Hendrickson Publisher, 1995, p.25.

いずれにしても、この後オリゲネスは、「一人」について比喩的解釈を展開している。

（18）原文には特に記号はないが、一人の特性を際立たせるために鉤括弧で記した。以下同様。

（19）マル5・9を参照。

（20）オリゲネスはこの時、会衆の前で、実際に自分の顔つきを次々に変えて見せたのだろうか。

（21）月の存在自体は変わることがないが、月は太陽の光を受けて、刻々と姿を変えていく。

(22) モーセのこと。
(23) 初期キリスト教において、神は数の点から盛んに考察された。関川泰寛・田中従子訳、C・スティッド『古代キリスト教と哲学』教文館、二〇一五年、一六〇頁などを参照。
(24) unitatem.
(25) conversio.「回転、変革」、転じて「行状を改めること」の意。
(26) Ibi ipse deus. 聖書テキストはこれとは異なる説明をしている。「主に願って得た子どもなので、その名をサムエルと名付けた」(サム上1・20)。ヘブライ語「שם」の読みの違いによって、「そこに」「名」といった別々の意味が得られたと考えられる。
(27) Opisthotonos. 七十人訳ギリシア語のラテン語表記。次の注を参照。
(28) 当時の医学用語で、後ろに引きつけられるような硬直痙攣を伴う病名を指す。
(29) 厳密には、ピネハスはアロンの子エルアザルの子、つまり、アロンの孫のはずである。
(30) Episcopus. 七十人訳の民4・16を参照。
(31) 恐らく、説教する能力がない司教や、あるいは、行いの倫理が欠けているために、聴衆に説得力を持たない司教たちへの批判だと思われる(Fürst, S.143)。
(32) 祈り全般に関しては、梶原直美『オリゲネスの祈禱論――「祈りについて」を中心に』教文館、二〇一七年を参照のこと。
(33) oratio communiter intellecta. 厳密には「共通に理解されるところの祈り」。
(34) バルナバの手紙、ユスティノス、エイレナイオス、テルトゥリアヌスなどにその理解が見られる(Fürst, S.150)。

（35）先達者たちのアレゴリカル解釈を上回る、独自の解釈を提示できたと確信するオリゲネスの自負が読み取れる。
（36）悪霊による業だと考えられていた癲癇の発作が、ある人を襲い、その人を介抱するために人々が集まって来たのか（Fürst, S.152）。聴衆の予期せぬ言動の様子が、説教の中に垣間見られるものとして、『イザヤ書説教』五・1を参照。
（37）発作を起こした者が回復し、快方に向かった様を指しているのか。
（38）この部分は、訳者ルフィヌスによる挿入だと思われる。つまり彼は、このギリシア語に相当するラテン語が見つからなかったために説明を加えている（Fürst, S.154）。
（39）バシリデス、ヴァレンティヌス、マルキオンは、二、三世紀における異端者であり、オリゲネスの著作においてしばしば言及される論争相手である。バシリデスは、ハドリアヌス帝（位一一七―一三八）の治世において活躍した。彼はアレクサンドリアに学校を建て、その影響は四世紀まで確認できた。ヴァレンティヌスは、エジプト出身であり、アレクサンドリアで育ち、ローマにおいて神学者としての地位を築いた（二世紀中ば）人物とされる。マルキオンはポントス出身であり、ローマにおいて一四〇年頃にキリスト者となったようであるが、やがて分裂し、独自の教会を築いた。マルキオンの影響は、四から五世紀まで確認できる（Fürst, S.156）。
（40）『ケルソス駁論』Ⅲ44、55を参照。
（41）この段落の設け方は、Fürst の校訂どおり。
（42）Non est praeter te. この部分の七十人訳とは微妙に異なる。
（43）こういった言葉は、長く続く説教に対して、散漫になった観衆の注意を引き付けるためのレトリックであったと考えられる（Nautin, p.140）。

（44）『諸原理について』Ⅰ3・6、『ケルソス駁論』Ⅵ65参照。

（45）本説教の9節において、この箇所が引用されていたが、そこでは、「悪い言葉を多く重ね〔て語〕ることのないように」であった。

（46）この表現は、オリゲネスの他の作品に全く見られず、ルフィヌスの挿入であると思われる。アリウス論争が激化した時代にあって、ルフィヌスはオリゲネス神学の正統性を弁護するつもりであったのだろう（Nautin, p.49）。

（47）これもルフィヌスに起因するものと考えられる（Fürst, S.163）。

（48）厳密には、「彼らは機会（occasiones）を改めませんでした」。ここでオリゲネスは、七十人訳ではなく、シュンマコス訳テキストに従っている。

（49）『ローマの信徒への手紙注解』Ⅵ7を参照。

（50）オリゲネスは、イザ11・2―3（七十人訳）に出てくる霊の数を七つと捉えている。『イザヤ書説教』三を参照。そして、オリゲネスはその七つの霊を、ここでの「七人の子」と重ね合わせて語っているものと思われるが、「正義と慈愛の霊」に関しては、イザ11・2―3には出て来ない。

（51）オリゲネスは、ハンナの歌を最後まで解き明かすことなく、唐突に終えた感があるが、時間が随分と長くなったために、司教の合図を受けて、仕方なく説教を閉じたのかもしれない（Nautin, p.76を参照）。

〈説教二〉

（1）初出では「サムエル記上講話」と記されているが、本書では「説教」で統一させていただいた。

◉サムエル記上に関する著作の断片（「断片一」―「断片十四」）

〈断片四〉

（1）参．『諸原理について』Ⅱ8・5、『ケルソス駁論』Ⅵ61―64。

（2）πάθος.

（3）μεταμέλεια.

（4）擬人化され得る人格のこと。

〈断片五〉

（1）サム上15・11のことかと思われる。

〈断片六〉

（1）聖書協会共同訳は「血色が良く」。

〈断片七〉

（1）七十人訳テキストは、「分別を持った人で、また戦上手な人で、言葉において賢く、見た目が美しい人」。

〈断片九〉

（1）βεβήλους. 字義的には、「汚れた、世俗的な」。

（2）ἐνωπίους. 字義的には、「前に置かれるパン」。

（3）オリゲネスによる、テキストの読み違いだと思われる。本来ならば、「一列六個で二列に並べ」（聖書協会共同訳）とあるように、十二個のパンが用意されていた。

（4）サム上21・5におけるアキュラ訳聖書に影響された言い方。

〈断片十〉

（1）「装備」と訳される語は、生殖器官に関する遠回しな言い換えである。聖書協会共同訳は、「ましてや今日は、部下たちは身を清めています」。

〈断片十一〉

（1）νεεσσάρ.「留め置かれていた」（聖書協会共同訳）を意味するヘブライ語の音訳。

（2）厳密には、雌ろばと雄馬を掛け合わせた動物。

〈断片十三〉

（1）聖書協会共同訳の欄外に記された注のとおり。

〈断片十四〉

（1）この部分は、オリゲネスの先の見解と真逆なため、オリゲネスが他者の見解に立って語っている言葉だと思われる。

解説

堀江知己

《ラテン語訳説教の底本について》

この度訳出した、ラテン語におけるオリゲネス『サムエル記上説教』の底本は以下のとおり。

Eingeleitet und übersetzt von Alfons Fürst, *Origenes Band 7 – Werke mit deutscher Übersetzung – Die Homilien zum Ersten Buch Samuel* (OWD 7), Berlin, De Gruyter, 2014, S.202-237.

このOWD 7のテキストは、さらに以下の底本を踏襲している。

Die Griechischen Christlichen Schriftsteller (GCS 33) ＝ *Origenes 8*, hg. von. W. A. Baehrens, Leipzig, 1925.

翻訳に際して、以下の Nautin, SC 328 を参照した。

《ギリシア語原文の説教の底本について》

Origène, *Homélies sur Samuel*, édition critique, introduction, traduction et notes par P. et M.-Th. Nautin (SC 328), Paris, 1986.

さらに、翻訳に際し以下の底本が参照されている。

Manlio Simonetti, *La maga di Endor* (Firenze 1989).

《オリゲネス『サムエル記上説教』について》

オリゲネスの『サムエル記上説教』は、ギリシア語原文で現存するものが一つ（本書〈説教二〉）、ラテン語訳されたものが一つ（〈説教一〉）存在する。その他に、説教なのか、あるいは注解なのか、その他のジャンルに属する作品なのか、元々の出典は明らかでないが、聖書テキストに関する教父たちの言葉を繋ぎ合わせた『カテナ（鎖状注解）』等に抜粋された、オリゲネスのサムエル記に関する言葉が現存する。断片を除いて、完結された状態でのサムエル記に関する二つの説教は、両者ともサムエル記上のテキストを扱うものであるので、伝統的にこの作品は、『サムエル記上説教』と呼ばれる。

オリゲネス『ヨシュア記説教』（その3）の中に、以前彼が「一つの教会において」列王記上3章16―28節の説教を行った、という言及がある。列王記の前に位置するサムエル記の説教も、その「一つの教会」でなされたのかどうか断定することはできないが、Nautinはそう考える。(一) いずれにしても、後述のとおり、ラテン語訳で現存する説教は、エルサレムでなされたことが説教内容から推測される。

三八四年、ローマにて作成されたヒエロニムスによる、オリゲネスの作品目録によれば、オリゲネスには四つの『サムエル記上説教』があった[2]。しかし、ヒエロニムスはエウセビオスの証言に基づいており、そしてエウセビオスによる伝承自体が不完全である。さらに、現存するサムエル記上に関する二つの説教が、ヒエロニムスの言う四つの説教の中に含まれていたのかどうかも分からない。Nautin は、残された断片を繋ぎ合わせることによって、元の説教の再生を試みているが[3]、限られた材料と情報源に頼っているがゆえに、Fürst はその試みを否定的に捉えている[4]。一方で、十から十一世紀のある写本[5]には、オリゲネスの六つの『サムエル記上説教』に関する証言がある。

《ラテン語訳のオリゲネス『サムエル記上説教』について》

本説教（本書〈説教一〉）は、オリゲネスの説教の中でもとりわけ長いものの一つとして位置づけられる説教である。

また、もう一つの特色として、本説教は、オリゲネスの自伝的要素が色濃く反映されている作品である。オリゲネスが自身の作品の中で、詳しく自分について語ることは稀である。よって、この説教はオリゲネスの人物像を理解する上での貴重な資料ともなり得る。

本説教の内容に基づく推測だが、恐らくこの説教はエルサレムでなされた。オリゲネスは本説教の中で、自分の立場を「私たち」と語る一方、「あなたがたの司教」という言及を残している。よってこの説教は、オリゲネスが普段説教していたカイサリアの教会以外の教会メンバーに対して語られている、という推測が可能である。さらに、司教の名である。本説教には司教アレクサンドロスなる人物が登場する。

彼はどういった人物だったのか。

オリゲネスが最初にパレスチナを旅したのは二一五年頃であった。エウセビオスの記述に以下のものがある。

しばらくして、市中では激しい戦争が勃発した。そこでオーリゲネースはアレクサンドレイアから脱出し、パレスチナに赴いてカイサリアに住んだ。そのとき彼はまだ長老職につくための按手礼を受けていなかったが、その地の監督たちは彼に、教会の平信徒のために聖なる文書を講解するように求めた。それが事実だったことは、エルサレムの監督アレクサンドロスと、カイサリアの監督テオクティストスが、デーメートリオスの抗議について書いていることからも明らかである。

（秦剛平訳、エウセビオス『教会史（2）』山本書店、一九八七年、一八三頁）

エルサレムの司教アレクサンドロスは、まだ信徒の身分であったオリゲネスに対し、司教たちの前で説教するように要請した（この出来事は、後にオリゲネスを襲ったアレクサンドリア追放の原因の一つとなった）人物だった。

さらに彼は、後にオリゲネスを司祭に叙任した人物でもあった（『教会史（2）』、一六三頁を参照）。オリゲネスとアレクサンドロスの交遊は、アレクサンドロスがデキウス帝に迫害される二五〇年頃まで続いた。

本説教に登場する司教アレクサンドロスが、このアレクサンドロスと同一人物であるとする確固たる証拠はない。また本説教が、アレクサンドリアの司教デメトリオスの怒りを買ってしまったところの、かの説教であった可能性は恐らくない。

一方、仮定の話として、本説教に登場するアレクサンドロスが、オリゲネスを司祭に叙任したアレクサンドロスと同一人物だとする。この場合、当然この説教はエルサレムの教会でなされたことになる。さらに、アレクサンドリアの司教デメトリオスに対し、アレクサンドロスがオリゲネスのための弁明をなした、といったエウセビオスの記述は、本説教に見られるアレクサンドロスの「穏やかな性格」に合致しないとも言えない。

アレクサンドリアを追放された後、オリゲネスが活躍した舞台はカイサリアであった。もし本説教がエルサレムでなされたものであるとすれば、オリゲネス自身にとっても特別な機会になされた説教であったと考えられる。なぜこの時期カイサリアを離れていたのか、なぜエルサレムに滞在していたのか、その推測は不可能である。しかし、特別な機会であったからこそ、オリゲネス自身の紹介や、相手の教会の司教に対する配慮がなされ、逆に気合が入り過ぎ、説教が普段よりも相当長くなってしまったのではないか、との想像が膨らむ。

《ラテン語訳のオリゲネス『サムエル記上説教』に関する伝承・翻訳》

W. A. Baehrens の功績によるが、ラテン語訳の『サムエル記上説教』の写本には、およそ十程の系統が存在する。[6] その中で特に古い二つの写本は九世紀のものとされる。[7] この二つを含むいずれの写本も、テキスト内の数箇所に見られる単純な誤りを等しく継承していることから、いわゆる「原型」（Archetyp, Original）に遡ることができる写本だと判断される。

また、パリにおいて、やはり九世紀のものと思われる一つの写本が近年発見され、一九六八年に出版された。しかし、それはアウグスティヌスの名が付されたものであった。この通称パリ写本は、分量は異なるものの、すでに発見されていた写本と特徴が一致していたため、新たなテキスト批判、つまり、原型を再構成するためには寄与しなかった。だが、このパリ写本は、オリゲネスの作品の伝承過程の一端を明らかにする貴重な資料となる。[8] つまり、五～九世紀の間のある無名の写本家が、オリゲネスのオリジナル説教を自分たちのために作り変えたのであろうが、それが伝承過程でアウグスティヌスの名によって広まったのである。異端とされたオリゲネスの名はほとんど忘れ去られてしまったが、しかし、オリゲネスの作品は抜粋、あるいは別の神学者の名の権威の下に遺され、継承されていったことが窺える。[9] このアウグスティヌスの名による写本は、オリゲネスのオリジナル説教の抄訳と位置づけることができる。しかし、詳しくその中身を観察すると、オリゲネス自身について語る序文の部分や、多岐にわたる聖書引用などが省略され、そして難解な釈義も簡素化され、反対に、倫理的勧告が多くそのままの形で残っている。つまり、後代の人たちにとって、聖書テキストの深い神学的洞察よりも、実地的なメッセージ性を持つ説教内容の方が重要だったということであろう。[10]

オリゲネスのオリジナル説教に関する写本の中では、六世紀に遡るCassiodor写本が最も権威を有する。この写本にはヒエロニムス（三四七—四一九年）とルフィヌス（三四五頃—四一一年）によるラテン語訳の多くも収録されている。この度邦訳したところの、ラテン語訳の『サムエル記上説教』は、そこに収録されてはおらず、むしろ匿名の翻訳者による翻訳として別個に伝承されてきた。[11] しかし、すでにBaehrensによって、本説教に見られる言い回しなどがルフィヌス特有のものであることが指摘されており、それに加え、近年のNautinの詳細な批評的研究によって、本説教がルフィヌスの翻訳と判断されるに至った。[12] そして、ルフィヌスがこれを訳した時期も定かではないが、彼の晩年であったとされ、しかもNautinによれば、恐らく最晩年の四一一年の作品であったとされる。[13]

オリゲネスのラテン語訳の『サムエル記上説教』は、Jacques Merlin（一五一二年）の出版に始まり、[14] 続いてロッテルダムのエラスムスによっても出版された（一五三六年）。Charles Delarue（Paris, 一七三三年）のものは、Merlinの校訂本を受け継いでいる。そして、Jacques-Paul Migne（Paris, 一八五七年）はDelarueの校訂本を用いている。W. A. Baehrensが詳細な批評的研究を行い、厳しい時代状況の最中に、可能な限りの写本を収集し、編集し、いわゆる原型として位置づけられる校訂本を出版した（Leipzig, 一九二五年）。P. Nautinのもの（SC 328）は、Baehrensのテキストを用いている。そして、邦訳の底本としたOWD 7であるが、テキスト内の記号の多少の変更はあるものの、全面的に Baehrens の校訂本に基づいている。

現代語訳としては、Nautin のフランス語訳と、Fürst のドイツ語訳がある。

【考察1　厳格な説教者オリゲネス[15]】

当時司教には、己が司る教会における説教の務めが委ねられていた。よって、当時のエルサレム教会における説教の務めを担っていたのは、エルサレム司教アレクサンドロスのはずであった。詳しい経緯は把握できないが、オリゲネスは一時、彼の代わりにエルサレム教会で説教した。現存する『サムエル記上説教』及びその断片から推測すると、オリゲネスは少なくとも数回にわたってエルサレム教会で説教したようだ。

本説教、すなわち、「エルカナ、ペニナ、ハンナ、サムエル、エリ、ホフニ、ピネハスについて」といった副題が付加された説教は、エルサレム教会における彼の一連の説教の最初に位置すると考えられる。その第一の理由として、この説教で扱われているテキストが、サムエル記上の1章1節から始まっているからである。また第二の理由として、説教の冒頭部分でエルサレム司教アレクサンドロスに対する賛辞が贈られているからである。他の司教区の代表者に対する配慮は、やはり初回に述べるのが相応しい[16]。

一方、エルサレム司教アレクサンドロスに対する配慮と対を成すかたちで、オリゲネスは聴衆に対し、説教者としての自分自身を紹介している。そしてそこで紹介されているのは、彼の厳格な説教者像であった。

現存するオリゲネスの著作において、オリゲネス自身についての記述は稀である。よって、オリゲネス自身についての記述が見られる場合、そのどれもが希少価値を持っているが、とりわけ『ヨハネによる福音注解』第六巻の冒頭部分（6・2・8―12）が重要視される。ここには、オリゲネスがアレクサンドリアの司教から度々蒙っていた心理的圧力、及び、アレクサンドリアから追放されるに至った彼自身の苦悩が想起されている。

アレクサンドリアに発生した暴風雨が妨害すると思われましたが、イエスが風と海の波を叱ってくださいましたので、〔神から〕与えられた事柄を、第五巻まで口述することができました。第六巻に進んで間もなく、エジプトの地から連れ出されました。その地からご自分の民を導き出された神が、わたしを救い出してくださったからです。その後、敵は、非常に冷酷に、まさしく「福音」に反する、新しい〔幾つもの〕書き物を通して、わたしに戦いを挑んでき、エジプトの悪の風を悉く、わたしに反対して立ちあがらせましたので（以下続く）。

（小高毅訳『ヨハネによる福音注解』創文社、一九八四年、一七五頁）

以上の述懐において、自然界の描写がオリゲネスの境遇と重ね合わされている。そして、『サムエル記上説教』の冒頭部分においても、まさにこれと類似した譬えが用いられている。

この私は、私たちがもたらす実は苦い味をしているのではないかと認めております。あるいは恐らく、私たちがもたらす実は、実際よりも苦く思われてしまっています。（本書、一七頁）

ここでは「私たち」と記されているものの、オリゲネスは自分自身について、苦い実を結ぶ樹木と譬えている。一方、等しく自然界に存在するものによって譬えられた事柄自体については、『ヨハネによる福音注解』におけるそれとは異なる。つまり、『サムエル記上説教』においては、彼の聖書解釈者としての強い自負が示されている。

私がもたらす実は苦い味をしている――このようにオリゲネスは、「厳格」という自己評価を下している。この自己分析は、残された彼の著作を見る限り、生涯変わらなかったようだ。時には甘い言葉とも言える慰めを織り交ぜながら、彼の言葉は概して厳しい印象を残している。しかしそれは、オリゲネスと教会の聴衆との間における緊張関係によって、ある程度影響を蒙っている。つまり、聖書の言葉、説教の解き明かしに対して、聴衆が不熱心であったがゆえに、オリゲネスは厳格な父として振る舞わざるを得なかった。彼の言葉を苦くさせてしまったのは、聴衆自身の態度であった。

不熱心な聴衆に対する厳格な教育者としての彼の姿は、聖書における預言者たちの姿と重なる。実際預言者たちも、繰り返し罪を犯す愚かな民に対し、大層厳しく当たった。オリゲネス自身にも、そういった預言者たちの姿にあやかろうとする自覚があったようだ。

さらに、厳格な教師にして、厳格な聖書解釈者であったオリゲネスには、聖書解釈そのものを、民に対する教育手段として用いる信念が終始貫かれている。

私たちは〔聖書の〕読みとその解釈とを通じ、万物の神に対する敬虔さへ、そして敬虔さと共同で統治をする諸徳へと促す一方、神を軽視することや正当な論拠に反するすべての振る舞いから転換させている。

（出村みや子訳『ケルソス論駁Ⅱ』教文館、一九九七年、四九頁）

彼ら〔ユダヤ人〕は〔律法を〕曲解してキリストを受け入れなかったが、われわれは〔律法を〕霊的に解釈して、〔律法が〕まさに教会を教化するために与えられたものであることを明らかにしているのである。

（小高毅訳「出エジプト記講話1」『中世思想原典集成1　初期ギリシア教父』平凡社、一九九五年、五五六頁）

実に、聖書は謎めいた訓戒に満ちている。よって、寓意をもって聖書の訓戒や教えを人々に解き明かし、それを霊的な教化に充てることこそが、聖書解釈者の第一の使命であった。

寓意によって聖書を解き明かしたオリゲネスであったが、彼が聖書解釈者としての己の姿をも寓意的に描写していることは興味深い。確かに、己を木々に譬えるような比喩は、それ自体聖書的メッセージを持っているというよりも、むしろ、続く本題に豊かな色合いと広がりを持たせ、聴衆の関心を引き付けるためのレトリックの側面が強いかもしれない。しかしかりにそうであっても、オリゲネスが己を木々に譬えたのは、人々の注目を己自身にではなく、むしろ、説教者である自分が解き明かそうとする聖書の御言葉、とりわけ文字の背後に隠された奥義に対して向けさせるためであった。

本説教における冒頭部分において、エルカナの二人の妻について言及する際に、オリゲネスは一夫多妻制及び独身の勧めに矛盾する課題に衝突している。彼はテキストから神の奥義を掘り出すことに労苦し、そして解答をしぼり出した。この解答に対して、彼の目の前で聞いていた聴衆の反応は、果たしてどうだったのだろうか。それは残念ながら分からない。だが、聴衆の反応がどうであれ、奥義を宿す御言葉を語り聞かせることこそ、己の責務であると信じて疑わなかった彼自身の説教者像は、「私」が再び強調されている、本説教の最終部分においてもはっきりと読み取れる。

【考察2　オリゲネスによる、神のアパテイア論[17]】

本説教における前半部分では、主に「ハンナ」「サムエル」などといった名に関するアレゴリカル解釈が大半を占めていた。一方、後半部分の「ハンナの祈り」の解き明かしにあたっては、アレゴリカル解釈はすっかり鳴りを潜め、むしろ、徹底した字義的解釈が展開されている。前後半を貫く共通線はある。本説教には、終始同じ通奏低音が流れている。すなわちそれは、「私」といった主体である。本説教における最大の特色の一つは、オリゲネス自身による、説教者ないし信仰者としてのあるべき自己像に関する語りである。結びにあたっても、オリゲネス自身の内省が聞き取れる。

私の中の不妊とは、私の魂のことでした。私の魂は、義の実を産み出さなかったのです。しかし今や、私の

魂は（略）霊によって満たされました。（本書、五一頁）

以上のように、本説教では「私」といった主語が頻発する。とはいっても、パウロがローマの信徒への手紙において、「私」といった主語の下に、全信仰者のあるべき姿を読み込んでいるように（参．ロマ7章）、聞き手である我々も、本説教で語られる「私」に我を投じ、オリゲネスの理解に主観的に参与することが求められていよう。さらには、「ハンナの祈り」に関するオリゲネスの解釈を通して、我々も不妊の女ハンナに倣い、ハンナが祈り歌った告白を我々自身も口にし、行動に表していくことが求められていよう。

さて、オリゲネスによる、「ハンナの祈り」に関する解き明かしにおいては、信仰者が霊的に高められ、神の武具を身にまとい、悪に向かって力強く凱旋することの勧めが熱弁されている。我々キリスト者が信じ告白する神は、我々を無気力に寝かせておくような存在ではなく、むしろ、我々を立ち上がらせ、正しく行動的に生かしめる存在である。

神学の一分野である神論において、プラトン哲学に由来する、「アパテイア（ἀπάθεια, 受苦不能性）」と呼ばれる神の属性が時折議論される。神の本性としては、我々人間が蒙るような痛みや苦しみを経験できない。神はアパテイアだからである。しかしそれは、神が何に対しても無関心であるといった、否定的ニュアンスの教理ではない。むしろそれは、神はこの世の時間に遮られないといった無時間性の教理、不変性の思想、そして、無からの創造といった、神に関する肯定的教理と密接にからみ合っている。

本説教において、オリゲネスによるアパテイア論が確認できる。それは、「神は変わることがないお方です。

変わることがないということにおいて、神は『一人』と言われます」（本書、二四頁）といった言葉をもって、的確に表現されている。そして、オリゲネスの理解によれば、我々もまた、「一人」の神、言い換えれば、神の「一つ」に連ならねばならない。「多」、あるいは「大勢」であることは、本来、理性的被造物に相応しくない。では、我々はどのようにして、神の「一つ」にあずかることができるのだろうか。オリゲネスは次のように記している。

似姿ということは、もっと押し進められ、単に「似る」ということから、「一つとなる」とされ〔ることである。〕……

人間は〔神の似姿と神との一致を〕自己の精励なる熱意をもって、神を模倣することで獲得すべきである。

（小高毅訳『諸原理について』創文社、二六八頁）

欲望への衝動を抑制し、自分を刺激する誘惑の歓楽を厳しい徳の譴責によって制し、このようにして色欲をことごとく退け、その決心を堅く首尾一貫して保つ。

（同二〇一頁）

以上のように、オリゲネスによれば、人は「厳しい徳」、すなわち、悔い改めに始まる正しき道徳・倫理に沿った生を通して、神の「一つ」に参与する。人は、善なる神を道徳的に真似ることを通して、一つなる神との霊的交わりを共有する。このため、オリゲネスにとって、徳の実践は重要である。オリゲネスは、ハンナとペニナといった名の解き明かしの中で、悔い改めに始まる徳について言及している。

最初の義の子どもは、私たちの行いと業によってもたらされるものだからです。実に、義の最初の働きは、罪から悔い改めることです。（本書、二七頁）

正しき行い、ないし義の業に対する奨励が、本説教の後半部分、「ハンナの祈り」に関する解き明かしの中に広く見られる。オリゲネスは、決して行いの意義を軽んじない。オリゲネスの理解によれば、我々は神の恩寵に頼り切ることだけに満足を見出してはならない。我々の自由、決断、そして倫理的行いの努力こそが、神のさらなる恵みの受領に繋がる。確かに、オリゲネスの著作には、功績の思想を重んじ過ぎた、後の時代のペラギウス主義者を思わせるような節も目立つ。だがオリゲネスにとっても、行いは恵みに勝るものではない。オリゲネスは言う。

始めに結ばれるべき妻は、より高貴で気高き妻、すなわち恵み〔ハンナ〕であります。（本書、二六頁）

我々は「多」を捨て、首尾一貫性を保って「一つ」となり、ゆくゆくは神と一つになることを目指さねばならない。そして、一つなる神との一致は、人が霊的高みにある倫理を貫くことをもってして実現される。だが、そのことを可能にするのは、我々自身の力ではなく、むしろ神であり、もしくは聖霊の恵みの力であり、あるいはまた、あらゆる美徳で覆われたキリストである。オリゲネスは、キリストについて次のように記す。

わたしたちはこのロゴスがすべての魂にまさって、特にイエスの魂に居住して一つに結合したと言うのであり、というのも彼のみがロゴスそのもの、知恵そのもの、正義そのものへの最高の参与を完全に受け入れることができたからである。

（出村みや子訳『ケルソス駁論Ⅱ』、二二五頁）

諸々の美徳と一つであったはずのキリストは、一度その「一つ」から離れ、「多」であるこの世に降臨した。そしてキリストは、「多」である我々を、「一つ」である神へと招くために、自ら人となり、「多」となった。今や、「多」である我々は、「一つ」なるキリストに連なり、一つなる神のために生き、神と共に生きねばならない。オリゲネスは本説教をこう結ぶ。

もはや私が罪によって生きるのではなく、私を死者の中から蘇らせてくださった神のために生きる者となるためです。そしてまた、我らが主キリスト・イエスにおいて、私が新しい命を歩む者となるためでありますす！（本書、五二頁）

果たして、オリゲネスは、Nautin の見解どおり、「ハンナの祈り」の解き明かしを最後まで終えることなく、断腸の思いで、急遽《きゅうきょ》説教を閉じたのだろうか。だとしても、神学者オリゲネスによる本説教の旋律は、いかにも彼の説教らしく、その終盤で見事な盛り上がりを見せ、優雅で畏敬に包まれた印象を残しつつ、壮大なるキリスト賛歌の終止符をもって結ばれる。

《説教 エン・ドルの口寄せ女に関する伝承・翻訳[18]》

現存する本説教（〈説教二〉）の写本は、ミュンヘン国立図書館（Staatsbibliothek）に収められている、十世紀に遡るものが最も古い。これには、本説教に対するエウスタティウスの対抗論文と、そして、口寄せの聖書テキストに関する、ニュッサのグレゴリウスの書簡が続いている。このミュンヘン写本は、全体として状態が悪いが、十六から十七世紀に記された幾つかの写本は皆、このミュンヘン写本に頼っている。また、ミュンヘン写本において、本説教と一緒に収められたエウスタティウスの対抗論文は、オリゲネスの本説教からの引用を多く含んでいるため、オリゲネスの本説教を再構成するために欠かせない。

時を経て、一九四一年エジプトにて、オリゲネスの作品集の抜粋が発見された。その中に、口寄せに関する説教の断片も含まれていた。この写本は、六から七世紀にまで遡るとされ[19]、本説教を新たに再構成する上で大きな影響を与えた。この写本は、ミュンヘン写本が原本としたものと同じものに由来すると考えられるが[20]、ミュンヘン写本との明らかな相違も見られ、ミュンヘン写本における誤った構文を幾つか訂正するのに役立った。

公の出版に関して、リオンのアラティオス（Leo Allatios）が一六二九年、エウスタティウスの作品などと一緒に、ラテン語訳を付して本説教を出版した。これは、当時の十六世紀に流布していた一般的な写本（バチカン写本）を基にしたもので、ミュンヘン写本を厳密に審査したものではなかったが、以後の数々の校訂版の基礎となった。ペアールソン兄弟（Richard, John Pearson）が一六六〇年、ロンドンにて、アラティオスのものの改良版を出版。その後、数人の校訂版を経て、デラーリュ（Charles Delarue, 一七三三年）が出版。このデラーリュ版は、ミーニュ（Jacques-Paul Migne, 一八五七年）版に収められている。Albert Jahn が一八八六年、初めてミュンヘン写本を活用し、エウスタティウスの対抗論文と合わせて本説教を出版した。

批評的なものとしては、Erich Klostermann による、*Griechische Christliche Schriftsteller* シリーズの第三巻（GCS 3, 一九〇一年）に収められたものが初めてである。ノータン（Pierre Nautin）が、*Sources Chrétiennes* シリーズの第三百二十八巻として、フランス語訳を付して出版した（SC 328, 一九八六年）。これに先立ち、Nautin は、Klostermann の GCS 3 の改訂版を出した（一九八三年）。他に、シモネッティ（Manlio Simonetti）が、イタリア語訳及び詳細な註解を添えて出版した（一九八九年）。

近年、ドイツの Fürst が、『オリゲネス全集』の第七巻（OWD 7）において、ドイツ語訳を付して出版した。ここに掲載されているギリシア語原文は、基本的に Klostermann 版のものと同一であるが、ところどころ修正が加えられている。

小高毅氏による邦訳は、SC 328 に基づいている（小高毅編『古代教会の説教』教文館、二〇一二年、四一―五五頁）。なお、そこでは但し書きとして、「サムエル記上講話」と記されているが、本書では「説教」で統一させていただいた。

現代語訳に関して。SC 328 に掲載された、Nautin のフランス語訳、及び、Simonetti によるイタリア語訳、さらに、*The Fathers of the Church*（FaCH 97）シリーズにおける、John Clark Smith の英訳、*The Early Church Fathers* における、Joseph W. Trigg の英訳が存在する。

【考察3　アンティオキア学派による猛攻撃】

本説教は、ギリシア語原文で残る数少ないオリゲネスの作品の一つである。この点からしても、本説教は、オリゲネスを学ぶ者にとって重要である。そしてまた、本説教は、オリゲネスが普段、どのように説教をしていたのかを解明する上で、極めて重要である。

本説教の冒頭に記されているように、この日、サムエル記上の聖書テキストから、四つの断章（ペリコーペ）が続けて朗読されたようだが、時間等の都合で、司教がその中の一つを選択し、オリゲネスに対し、説教するように求めた。オリゲネスは、司教の要請に素早く応えて語り出す。この状況から察するに、恐らく、本説教はほとんど即興でなされ、傍に控えていた速記者によって、逐語的に書き留められたものと考えられる。もちろん、この一つの説教をもって、オリゲネスのすべての説教が即興でなされていたという証拠にはならない。しかし、本説教の構成、語り口調とその内容が持つ説得力、そして、そこで披露されているオリゲネス特有の聖書理解が、彼のその他の作品と遜色ないレベルに達していることからしても、彼の他の説教もまた、このように即興でなされていたのではないかとの憶測を呼ぶ。

さらに、本説教は、とりわけ後世に多大なる反発を惹き起こし続けた問題作であった。根本的には、後世に問題を残したその原因は、本説教で語られるオリゲネスの聖書理解というよりも、むしろ、本説教で扱われている聖書テキストそのものにあった。

本説教で扱われている聖書テキスト自体が、大きな矛盾を孕んでいる。すなわち、ここでは口寄せの女が登場する。だが、そもそも口寄せは、聖書において弾劾されている（レビ19・31、他）。それなのに、この聖書テキストにおいては、預言者サムエルが口寄せの助けを借りて出現し、道を誤るサウルを正しく罰し、やがてそのとおりに実現される預言を語っている。果たして、聖書で禁じられているはずの口寄せが、預言者を陰府から呼び出すことができるのかどうか、あるいは、口寄せによって呼び出されたのは、本当にサムエル本人だったのか、あるいは、義人サムエルが陰府にいるとは一体どういうことか、さらには、たとえ口寄せが呼んだのがサムエルではなく、悪霊であったとしても、なぜ悪霊が、正しき訓戒と真の預言を残すことができたのか、といったような数々の疑問が、古代の神学者たちの間で盛んに議論された。

聖書で禁じられているところの口寄せが、実際に表舞台に登場し、活躍してみせる物語が、この聖書テキスト以外のところには見られないことも、問題を大きくした。つまり、神学者たちは、口寄せに関する聖書テキストを比較検討することによって、正しき答えを導き出すことができなかった。そのため彼らは、義人サムエルの存在、陰府の定義、口寄せ術の真偽如何、死後の命に関するテーマなど、ここでの聖書テキストの文脈を大きく越えて、熱烈な議論を交わしていった。

ラビ文献においては、口寄せが登場するここでの物語を、肯定的に捉えているものも目立つ。かのヨセフスも同様である。ヨセフスによれば、この女が呼び出したのは、他ならぬサムエルであった。彼の著作では、気落ちするサウルに対し気遣いに溢れた女が、優れた徳の持ち主であったかのような趣で記されている。[21] 教父ユスティノスも、この口寄せの女が本当にサムエルを陰府から呼び出したものと考えたようである（『対話』105・2―5）。[22] 一方、テルトゥリアヌスをはじめとして、その他の古代教父たちは、概ねこの物語を否定的に読んだ。やはりその第一の理由は、聖書において、口寄せが禁じられているといった大義名分にあり、そしてまた、教父たちそれぞれが生きた時代において、口寄せなどの魔術が、広く異端視されている、といった社会的理由によっていた。彼らにとって、口寄せの存在が悪である以上、女が呼び出したのは悪霊であって、決してサムエルではあり得なかった。

とはいえ、こういった否定的見解は、既にオリゲネスの時代には流布していたようで、本説教において、その手の疑問や反論が予め呈示されている。そもそも、本説教がなされたこの日、四つのペリコーペが朗読されたわけだが、司教がその中の一つ、すなわち口寄せの女に関する物語を選んだのは、全くの恣意的判断によっていたのではないだろう。むしろ、このテキスト自体が、とりわけ難問を抱える箇所であったからこそ、司教は当該のテキストを選んだのだろう。そして、司教としても、当時、既に名を馳せていたオリゲネスによる、このテキストに関する見解を聞いてみたかった、というのが本音であろう。

オリゲネスによれば、口寄せの女が呼び寄せたのは、正真正銘の預言者サムエルであった。その理由としては、

「『サウルにはそれがサムエルだと分かった』と（聖書に）書き記されている（から）」（本書、六一頁）といったものであった。すなわち、聖書にそう明記されてある限り、オリゲネスにとって、この場に現れた「サムエル」は、サムエル本人以外の何者でもなかった。しかし、ここで問題となるのは、なぜ義人サムエルが陰府にいるのか、といった不可解な謎である。オリゲネスはこの難問に対し、キリストの陰府降りといった正統的教理をもってして答えを導き出す。「預言者たちが皆、キリストの先駆者として、キリストに先だって陰府に降ったとすれば、当然、サムエルも陰府に降ったのです」（本書、六八頁）。キリストが陰府に降った以上、キリストに劣る義人が陰府に降ったとしても当然である。むしろ彼らは、キリストの先駆者として、キリストが陰府に降ることを待ち侘びていた。そしてそれは、陰府に降るキリストによって、彼らもまた救われるためであった。

確かに、口寄せが活躍するここでの聖書テキスト自体は、人々につまずきを与えるような箇所である。オリゲネス自身もそれを十分承知している。しかし、オリゲネスはこのテキストを、いわば救済史的に捉え直し、聖書全体の広い視野をもって読み進めると共に、それでいて、字義通りの読みを疎かにせず、むしろ、忠実に字義通りの読みを取るようにと読者に勧めている。実に、こういった解き明かし方は、オリゲネスの聖書解釈が有する一種の魔術である。

オリゲネス以後に生きた神学者たちにとって、ここでの聖書テキストに関する彼の解釈は、とても受け入れがたいものであったらしい。それは、オリゲネスに比較的寛容で、同情的な立場にあった神学者たちにとっても同様であった。逆に言えば、このテキストに関するオリゲネスの解釈は、古代教父たちのそれとの間で、とりわけ異彩を放っている。それだけに、本説教は、後代においても決して忘れ去られることなく、極めて批判的に伝承され続けながらも、ギリシア語原文で残されているのだろう。

本説教で展開されるオリゲネスの聖書解釈に対して、先ずオリンポスのメソディウス（Methodius）なる教父が、抗議の口火を切った。だが何よりも、アンティオキアの司教、エウスタティウス（Eustathius, 二八〇年代―三四〇年代）による、本説教に対する対抗論文『口寄せ女に関して、オリゲネスを論す』が有名である。(23) アンティオキア学派の一人に数えられる彼によれば、魔術を専門とする者が、正しき預言者の霊を連れて来るなどといった読みは、聖書の教理に反している。エウスタティウスに追随する者は多く、「悪魔的なものは、霊に関するいかなる力も持たない」「女がサムエルを呼び寄せたと書かれてあるが、それは、サタンが天使を偽って（二コリ11・14）現れることと同じである」といったような批判を彼らは繰り返したものだった。

しかし、現代の我々の目線から観察すると、エウスタティウスをはじめとする神学者たちの批判は、厳密には、オリゲネスの聖書解釈に対してではない。むしろ、彼らの批判は、当時公に異端視されていた、口寄せに対する断罪といった実践的見地に、大きく左右されている。

少なくとも、この度の聖書テキストの読みに関して、字義通りの読み、ないし書かれた文脈を軽んじ、それを新たに教義的に捉え直して読み換えてしまったのは、むしろ彼らアンティオキア学派であった。彼らは、オリゲネスが立つ救済史的観点といった、より広い意味での文脈を見据えていなかった。概して、アンティオキア学派が批判したのは、オリゲネスの比喩・アレゴリー、すなわち、彼が聖書の歴史を無視し、文脈に沿った字義通りの読みを疎かにしている、といった点にこそあった。にもかかわらず、我々はここに、文脈に沿って丁寧に読み取ったオリゲネスと、そしてそれを断固として拒否したアンティオキア学派の神学者たちとの、奇妙な逆転を見ることができる。彼らは、オリゲネスの文脈を脱したアレゴリーの使用を再三にわたって否定したものだが、ここでの彼らは、その否定を自ら否定している。

本説教が告げるメッセージは、現代の我々読者にとっても無視できない。最後にオリゲネスは、キリストの陰府降りを霊的に内面化し、我々に共通する倫理的教えを説いている。説教は聞き手を行動へと促さねばならない。我々にも、預言者サムエル、そして、我々の救いのために陰府に降ったキリストのように正しく生きることが求められている。力強い励ましに満ちたメッセージを、我々に届けてくれるオリゲネス。キリスト教史において、オリゲネスの聖書解釈は一度無残にも葬り去られた。しかし、キリストの陰府降りについて、大胆に語られる彼の本説教を聞くにあたって、我々は、何か大切なものが、陰府から我々の下に届けられたような気持ちにさせられる。

《オリゲネスによるサムエル記上に関する断片》

サムエル記・列王記[24]に関する『鎖状注解（カテナ）』の写本の中に、オリゲネスによる二十二個のギリシア語断片が含まれている。この写本は十世紀に遡るものであるが、状態がとても悪く、どこからどこまでがオリゲネスの文章なのか、不鮮明なところもある。さらに、雅歌に関するカテナ、エウスタティウスの対抗論文、シリアのエフライムの作品の中から一つずつ拾い出され、こうしてサムエル記・列王記に関するオリゲネスの作品の断片は、総計二十五となる。

デラーリュ版などもこれらの断片を扱っているが、批評的なものとしては、Klostermann のものが初めてである。SC 328 においては、サムエル記上に関する断片だけが扱われており、その著者ノータンの判断により、計十二個の断片がフランス語訳と共に掲載されている。邦訳が底本とした OWD 7 には、二十五個すべての断片が掲載され、ドイツ語訳されているが、邦訳においては、サムエル記上に関する十四の断片を訳した。

注

（1）Fürst, S.4, Nautin, pp.57–60. Nautin は本説教がなされた時期を二四〇～二四一年と推定するが、こういったいわゆる「ノータン説」に対しては異論も多い。
（2）Fürst, S.9.
（3）Nautin, pp.54–56.
（4）Fürst, S.11.
（5）L. A. Muratori, Antiquitates Italicae Medii Aevi, Mailand 1740, Tom. III (Fürst, S.10).
（6）Fürst, S.108.
（7）Nautin, p.30.
（8）Fürst, S.108.
（9）Ebd.
（10）Ebd. S.109.
（11）考えられるその理由の一つとして、本説教がカイサリアではなく、エルサレムでなされたものであるため、すでにオリゲネスが生きた時代から、彼のその他の作品の写本収集とは異なるそれが生じていたため、とNautin は考える（Nautin, p.60）。

（12）Nautin, pp.36–38. 四〇五～四〇六年頃とされるルフィヌス訳の『ローマの信徒への手紙注解』のエピローグに、このような記述がある。「〔オリゲネスの〕民数記と申命記に関する作品——と言いますのは、旧約聖書の初めの七書の中でこの二書だけを手掛けておりませんので——」（小高毅訳『ローマの信徒への手紙注解』創文社、一九九〇年、七一二頁）。「初めの七書」とは、創世記から士師記までのこと。つまり、この時点では『サムエル記上説教』は翻訳されていない。だが、後にルフィヌスは『民数記説教』を翻訳し、その序文において、この後その他の作品の翻訳の予定も仄めかしている。

『サムエル記上説教』がルフィヌス訳であることを裏付ける明文化された証言は存在しない。むしろNautin 説は、士師記に続くサムエル記の説教も続いてルフィヌスが訳した可能性は大いにある、といった消極的な根拠に基づく。さらに、オリゲネスのサムエル記上に関するその他の説教を、彼はなぜ訳さなかったのか、といった問いも残る（Nautin, p.38）。

（13）ルフィヌスはオリゲネスの二十七の民数記説教を一年以上かけて訳した後、続いて本説教を短期間で訳し、その後、本説教の「ハンナの歌」のジャンルに類似した雅歌の注解に移り、彼の死によってそれが未完に終わった、といったような詳細過ぎる推察をNautin は行っている（Nautin, pp.38–46）。

（14）Fürst, S.113 以下。

（15）Fürst, S.13–30 を参照。

（16）Nautin, p.63 を参照。

（17）Fürst, S.32–59を参照した。また、オリゲネスによるアパテイア論に関しては、土井健司著『愛と意志と生成の神——オリゲネスにおける「生成の論理」と「存在の論理」』（教文館、二〇〇五年）の九五—一二一頁に詳しく説明されている。

（18）この部分の解説を記すにあたって、Fürst, S.60–101を参照した。

（19）Nautin, p.15.

（20）Nautin, p.19.

（21）秦剛平訳、フラウィウス・ヨセフス著『ユダヤ古代誌2』ちくま学芸文庫、一九九九年、二一八頁。

（22）Nautin, pp.77–78.

（23）出村彰、宮谷宣史編『聖書解釈の歴史——新約聖書から宗教改革まで』日本基督教団出版局、一九八六年、一五〇—一五三頁をぜひ参照されたい。

（24）七十人訳聖書の「王国史」に該当する。

参考文献一覧

◉底本・聖書翻訳・辞典等

Eingeleitet und übersetzt von Alfons Fürst, *Origenes Band 7 – Werke mit deutscher Übersetzung – Die Homilien zum Ersten Buch Samuel* (OWD 7), Berlin, De Gruyter, 2014, S.202-237.

Origène, Homélies sur Samuel, édition critique, introduction, traduction et notes par P. et M.-Th. Nautin (SC 328), Paris, 1986.

Manlio Simonetti, *La Maga di Endor*, Firenze, 1989.

A. Rahlfs, *Septuaginta* (Stuttgart: Detsche Bibelgesellschaft, 1935. Editio altera ed. by R. Hanhart, 2006).

『聖書　聖書協会共同訳』日本聖書協会、二〇一八年

◉オリゲネスの著作

関川泰寛監修、堀江知己訳『オリゲネス イザヤ書説教』日本キリスト教団出版局、二〇一八年

小高毅訳『諸原理について』（キリスト教古典叢書9）創文社、一九七八年

小高毅訳『ヨハネによる福音注解』（キリスト教古典叢書11）創文社、一九八四年

小高毅訳『ローマの信徒への手紙注解』（キリスト教古典叢書14）創文社、一九九〇年

小高毅訳「出エジプト記講話1」『中世思想原典集成1　初期ギリシア教父』平凡社、一九九五年

出村みや子訳『ケルソス駁論Ⅰ』（キリスト教教父著作集8　オリゲネス3）教文館、一九八七年

出村みや子訳『ケルソス駁論Ⅱ』（キリスト教教父著作集9　オリゲネス4）教文館、一九九七年

◉教父の著作

エウセビオス『教会史（2）』秦剛平訳、山本書店、一九八七年

◉その他

F. C. Conybeare and St. George Stock, *Grammar of Septuagint Greek-With Selected Reading, Vocabularies, and Updated Indexes,*

Boston, Hendrickson Publisher, 1995.
C・スティッド『古代キリスト教と哲学』関川泰寛・田中従子訳、教文館、二〇一五年
土井健司『愛と意志と生成の神――オリゲネスにおける「生成の論理」と「存在の論理」』教文館、二〇〇五年
フラウィウス・ヨセフス『ユダヤ古代誌2』秦剛平訳、ちくま学芸文庫、一九九九年
出村彰、宮谷宣史編『聖書解釈の歴史――新約聖書から宗教改革まで』日本基督教団出版局、一九八六年
梶原直美『オリゲネスの祈禱論――「祈りについて」を中心に』教文館、二〇一七年

後　記

この度、本書の出版に当たって、日本キリスト教団出版局様をはじめとし、「歴史神学研究」（二―四号）からの抜粋を用いさせていただいたこと、ならびに、教文館様から貴重な原稿をお貸しいただいたことなど、本当に多くの方々のご理解とお力添えをいただきましたことを感謝いたします。

何よりも、小高毅先生との共訳といったかたちでの出版となりましたことを、心よりうれしく思っております。

二〇二一年　四月

堀江　知己

小高　毅（おだか たけし）

1942年、京城（ソウル）に生まれる。1975年、カトリック司祭に叙階。1978–80年、ローマ、アウグスティニアヌム教父研究所に学ぶ。1984年3月、上智大学大学院神学部博士課程修了、神学博士号取得。

現在、東京カトリック神学院講師、カトリック長野教会協力司祭。

【著書】

『古代キリスト教思想家の世界――教父学序説』（創文社、1984年）、『オリゲネス』（清水書院、1992年）、『よくわかるカトリック』（教文館、2002年）、『クレド（わたしは信じます）――キリスト教の信仰告白』（教友社、2010年）

【訳書】

オリゲネス『諸原理について』（創文社、1978年）・『雅歌注解・講話』（同、1982年）・『ヨハネによる福音注解』（同、1984年）・『祈りについて・殉教の勧め』（同、1985年）・『ヘラクレイデスとの対話』（同、1986年）・『ローマの信徒への手紙注解』（同、1990年）、アタナシオス / ディデュモス『聖霊論』（創文社、1992年）、アンリ・ド・リュバク『カトリシズム』（エンデルレ書店、1989年）、J. メイエンドルフ『東方キリスト教思想におけるキリスト』（教文館、1995年）、イヴ・コンガール『わたしは聖霊を信ずる』（全3巻、サンパウロ、1995–96年）他
【編書】

『原典 古代キリスト教思想史』（1–3巻、教文館、1999–2001年）他

堀江知己（ほりえ ともみ）

1979年前橋生まれ。

東北大学文学部人文社会学科卒業。

東京神学大学大学院博士課程前期課程修了。

日本基督教団堺教会伝道師、福島教会牧師、能代教会牧師を歴任。

2014年より前橋中部教会牧師。

【訳書】

『オリゲネス イザヤ書説教』（日本キリスト教団出版局、2018年）、カルヴァン『アモス書講義』（新教出版社、2019年）・『旧約聖書註解 創世記Ⅱ』（同、2020年）

オリゲネス サムエル記上説教

2021 年 4 月 23 日　初版発行

翻訳　　小高　毅・堀江知己

発行　　日本キリスト教団出版局
〒 169-0051
東京都新宿区西早稲田 2-3-18
電話・営業 03(3204)0422
　　　編集 03(3204)0424
https://bp-uccj.jp

印刷・製本　三秀舎

ISBN978-4-8184-1081-7 C3016　日キ販
Printed in Japan